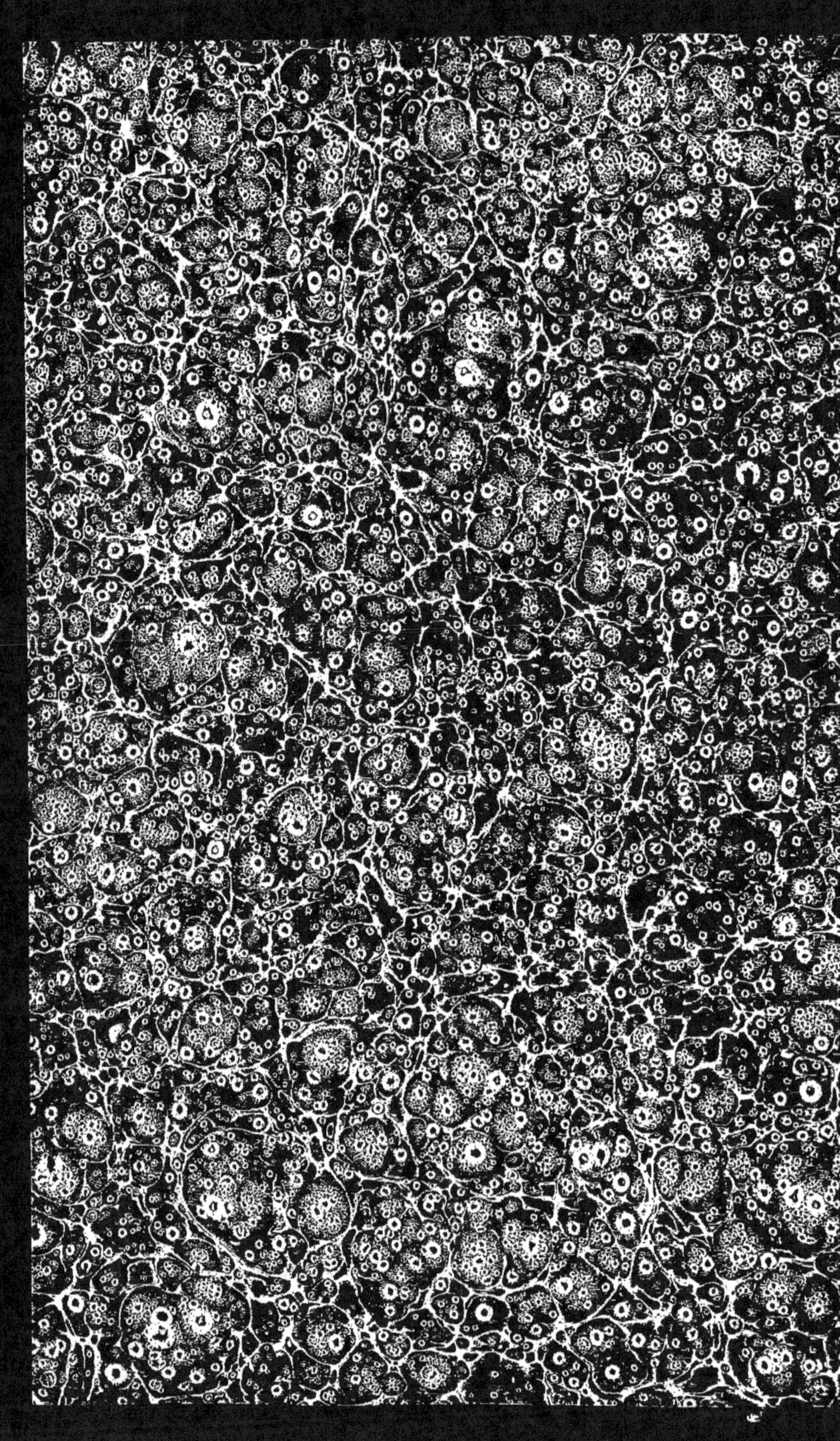

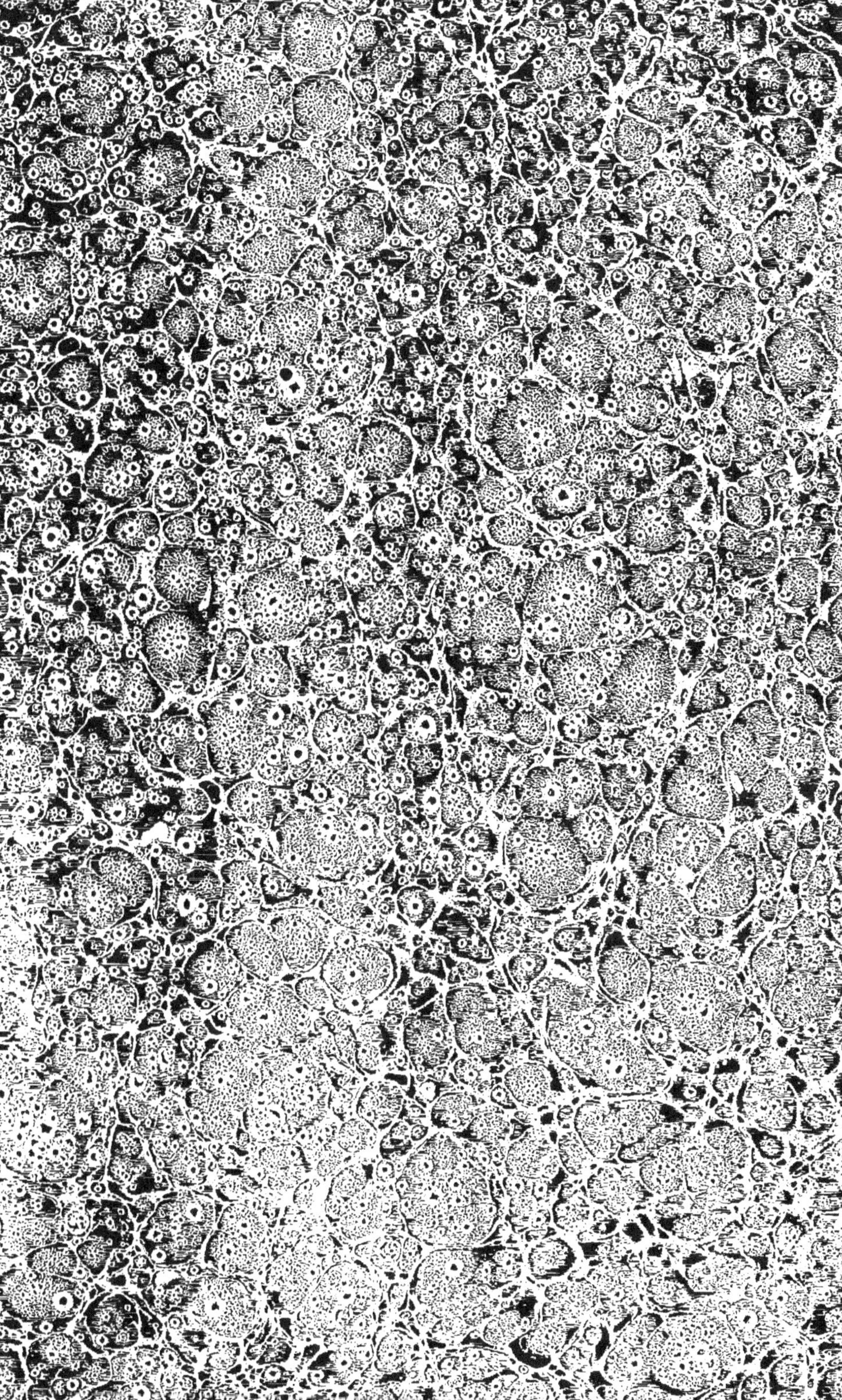

# MUSÉE

DES

## MONUMENS FRANÇAIS.

TOME PREMIER.

Cet Ouvrage, orné de Planches, dessinées par Percier et Lenoir, gravées par Guyot, se vend chez les Propriétaires :

Lenoir, au Musée, rue des Petits-Augustins;

Laurent Guyot, Graveur, rue des Mathurins, n.° 365;

Et chez Levrault, frères, Libraires, quai Malaquay, au coin de la rue des Petits-Augustins.

On donnera à la fin de l'Ouvrage deux tables, l'une par ordre de matières, et l'autre par ordre de numéros, pour faciliter la recherche des Monumens.

Il a été déposé deux Exemplaires à la Bibliothèque Nationale, conformément à la loi.

Beauvallet in. & Sculp.

Musée des Monuments Français.
*Dessiné par Lenoir et Percier, Gravé par Guyot.*

Percier del.                                   L. Guyot Sculp.

# MUSÉE

## DES

## MONUMENS FRANÇAIS,

OU

## DESCRIPTION

Historique et chronologique des Statues en marbre
et en bronze, Bas-reliefs et Tombeaux des Hommes
et des Femmes célèbres, pour servir à l'Histoire de
France et à celle de l'Art;

ORNÉE DE GRAVURES;

Et augmentée d'une Dissertation sur les Costumes de
chaque siècle;

PAR ALEXANDRE LENOIR,

FONDATEUR ET ADMINISTRATEUR DU MUSÉE.

Cessez de mutiler tous ces grands monumens,
Ces prodiges des arts consacrés par les temps;
Respectez-les, ils sont le prix de mon courage.
VOLTAIRE, *Orphelin de la Chine, acte II.*

## A PARIS,

## DE L'IMPRIMERIE DE GUILLEMINET,

rue de la Harpe, n.º 117.

AN IX. — 1800.

# AVANT-PROPOS.

L A culture des arts chez un peuple, agrandit son commerce et ses moyens, épure ses mœurs, le rend plus doux et plus docile à suivre les lois qui le gouvernent. L'assemblée nationale, pénétrée de cette maxime, après avoir décrété que les biens du clergé appartenaient à la *chose publique*, chargea son comité d'aliénation de veiller à la conservation des monumens des arts qui étaient renfermés dans ces domaines. [1]

---

[1] « Les Athéniens se trouvèrent dans des circonstances plus favorables. Après l'expulsion des tyrans, ils changèrent la forme de leur gouvernement et publièrent la démocratie : dès-lors tout le peuple prit part aux affaires publiques, l'esprit de chaque habitant s'agrandit, et Athènes même s'éleva au-dessus de toutes les villes de la Grèce. Le bon goût étant devenu universel, et les citoyens opulens s'étant attiré la considération de leurs concitoyens par l'érec-

Le philantrophe Larochefoucauld , président de ce comité , fit un choix de savans et d'artistes qu'il réunit pour procéder au choix des monumens et des livres que ce comité voulait conserver.

La municipalité de Paris , voulant remplir les intentions de l'assemblée nationale, et chargée de l'exécution du décret , nomma aussi des savans et des artistes d'un mérite reconnu , pour les adjoindre à ceux que le comité d'aliénation avait choisis pour se faire assister par eux dans ses opérations. Ces savans , ainsi réunis , formèrent une

tion de superbes monumens publics , l'on vit affluer dans cette puissante ville , comme les fleuves affluent dans la mer , tous les talens à la fois. Les arts s'y fixèrent avec les sciences ; ce fut là leur centre , et ce fut de là qu'ils se répandirent dans d'autres contrées. La prospérité de l'État fut le principe des progrès du goût. Florence , dans les temps modernes , atteste la vérité de notre proposition : cette ville , devenue opulente , vit disparaître les ténèbres de l'ignorance , et fleurir les arts et les sciences. » ( *Winckelmann* , tome I. )

commission, nommée *Commission des Monumens*. Dès-lors on chercha des lieux convenables pour recevoir les trésors que l'on voulait préserver de la destruction. *Le comité d'aliénation* affecta la maison des *Petits-Augustins* pour les monumens de sculpture et les tableaux ; celles des Capucins [1], des Grands-Jésuites [2] et des Cordeliers, pour les livres, manuscrits, etc. La commission publia une instruction savante sur les moyens de conserver les objets précieux qu'elle se proposait de recueillir.

Un des membres de cette commission, M. Doyen, dont j'ai été élève pendant quinze ans, me présenta à la municipalité, pour être garde du dépôt des monumens des arts, rue des Petits-Augustins. Je fus accepté le 4 janvier 1791 ; et c'est aux vues sages du pré-

---

[1] Rue Saint-Honoré.
[2] Rue Saint-Antoine.

sident de cette commission que je dois
la confirmation de l'établissement, et
de ma nomination à cette place, par un
décret. Et si depuis j'ai obtenu quelque succès dans mes travaux, je les
dois à l'amitié du savant Leblond, célèbre antiquaire, qui a bien voulu m'aider de ses conseils.

De l'abbaye de Saint-Denis, que le
feu semble avoir incendiée du sommet
des voûtes jusqu'au fond des tombeaux,
j'ai retiré les magnifiques mausolées
de Louis XII, de François I$^{er}$ et de
Henri II. O douleur! ces chefs-d'œuvres de l'art avaient déjà éprouvé la fureur des barbares. C'était en 1793. J'ai
recueilli ces débris que je puis restaurer
encore. Déjà je montre celui de François I$^{er}$ dans tout son éclat, et celui de
Louis XII commence à s'élever dans la
salle du quinzième siècle ; heureux si
je puis faire oublier à la postérité ces
destructions criminelles ! Vers cette

époque, le Président de la *Commission des Arts*, qui remplaça celle *des Monumens*, ( Grégoire ) publia trois mémoires contre le vandalisme : ces ouvrages intéressans, tirés à un nombre considérable d'exemplaires, furent envoyés dans les départemens ; et ce travail, savamment fait, publié à propos, fit recouvrer au gouvernement des manuscrits et des morceaux rares ; enfin la commission , à force de zèle et d'activité, parvint à conserver ce qui restait de monumens dans nos provinces.

Malgré les observations multipliées de divers artistes , j'ai constamment sollicité le transport des monumens du moyen âge, qu'ils regardaient comme inutiles aux arts. Cependant, à force de demandes réitérées, je suis parvenu à les obtenir, et l'on peut juger maintenant de leur utilité, puisqu'ils forment les deux premiers siècles de ce Musée.

Présent à l'exhumation des cadavres de l'abbaye de Saint-Denis, j'y ai fait des remarques intéressantes. Plusieurs des personnages qui y avaient été enterrés, depuis la fondation de l'église, jusque vers le quatorzième siècle, dans des sarcophages en pierre, furent trouvés avec leurs vêtemens encore intacts, et avec des ustensiles à leur usage : ces antiquités, précieuses pour la chronologie des costumes, ont été dénaturées, et les matières portées à la monnaie.

Une masse aussi importante de monumens de tous les siècles me fit naître l'idée d'en former un Musée particulier, historique et chronologique, où l'on retrouvera les âges de la sculpture française dans des salles particulières, en donnant à chacune de ces salles le caractère, la physionomie exacte du siècle qu'elle doit représenter, et de faire refluer dans les autres établissemens et les tableaux et les statues qui n'auraient aucun rapport , soit à l'histoire de France , soit à l'histoire de l'art français. Je présentai ce plan au comité d'instruction publique , qui me reçut avec intérêt : l'on m'engagea à en faire la lecture ; et le résultat fut l'adoption d'un Musée particulier de monumens français pour Paris , et l'acceptation de mes plans à l'unanimité.

Enfin, aidé des lumières des hommes de lettres et des amis des arts qui veulent bien m'éclairer et m'aider de leurs conseils , je suis parvenu à montrer quatre siècles, et une chambre sépulcrale construite pour le tombeau de François I<sup>er</sup>, dont j'ai terminé la restauration.

Une salle d'introduction m'a paru indispensable pour servir d'ouverture à ce Musée. Cette pièce contiendra des monumens de tous les siècles , chronologiquement placés ; l'artiste et l'amateur verront d'un coup-d'œil l'enfance de l'art chez les Goths, ses progrès sous Louis XII, et sa perfection sous François I^er ; l'origine de sa décadence sous Louis XIV, époque remarquable dans les arts dépendans du dessin, par la fuite du célèbre Poussin. Enfin on suivra pas à pas, sur les monumens de notre âge, le style antique restauré dans nos contrées par les leçons publiques de Joseph-Marie Vien.

« L'ordre [1], l'art, la lugubre magie « que *Lenoir* a mis dans la distribu- « tion de ce Musée, donnent tout à la « fois l'histoire de son ame, et de son « génie et de ses connaissances. Il sem- « ble que sa main puissante soutient « les siècles sur les bords de l'abyme , « les range chacun à leur place, et leur

---

[1] Cette pièce est tirée d'un ouvrage du cit. Joseph Lavallée, membre de plusieurs sociétés savantes.

« défend de s'anéantir , pour montrer
« leurs arts , leurs grands hommes ,
« leurs tyrans , et souvent leur igno-
« rance. Remontons les âges avec cet
« artiste , et partons du tombeau de
« Clovis.

« Dans un vaste caveau , dont les
« voûtes en arêtes sont parsemées d'é-
« toiles , faiblement éclairé par des
« croisées gothiques, sont couchés ces
« princes fainéans qui séparent Clovis
« de Charles Martel. Ce conquérant les
« laisse à sa droite, et voit à sa gauche
« ses descendans arrivés jusqu'à Hugues
« Capet. Depuis Robert, les tombeaux
« descendent jusqu'à Philippe III, qui
« ferme la porte du caveau , comme
« Clovis semble l'ouvrir. Le conserva-
« teur a donné à ce caveau le titre gé-
« nérique de treizième siècle , parce
» qu'il termine en effet la liste des tom-
« beaux qui y sont renfermés , quoi-
« qu'il contienne les effigies des per-

« sonnages vivans dans le commence-
« ment du sixième jusqu'à la fin du
« treizième ; mais on sait que ces céno-
« taphes avaient été érigés dans le trei-
« zième siècle par Louis IX. Les âges
« ont usé presque toutes ces figures,
« dont aucune n'est de marbre, sans
« pouvoir effacer l'ignorance qui les a
« sculptées ; et l'on est forcé de se dire,
« Voilà les hommes qui n'ont eu que la
« puissance du glaive.

« En sortant de ce caveau on entre
« dans le cloître, où l'on retrouve en-
« core les siècles promenant le mépris
« des arts sur les tombeaux des grands
« hommes et des femmes célèbres de
« ces temps reculés.

« En arrivant à la salle d'introduc-
« tion, on apperçoit les Valois se ca-
« cher dans des chapelles obscures,
« jusqu'à ce que Léon X fasse sortir
« François Ier de la poussière, et avec

« lui les marbres, les colonnes, les arts
« et la gloire. Alors la scène change ;
« le deuil se revêt de sa lugubre ma-
« jesté. Au milieu de ces colonnes d'al-
« bâtre , de jaspe , de porphyre, au-
« gustes orphelines des tabernacles ren-
« versés , semées comme au hasard
« dans ce temple , qui n'offre plus à
« la piété que le culte des souvenirs ,
« l'habile ciseau du statuaire m'a laissé
« sur ces figures l'histoire des carac-
« tères. Je retrouve sur la bouche de
« François I<sup>er</sup> le touchant adieu dont
« il honora Léonard de Vinci ; je re-
« vois ce front qui défait les batailles ,
« et cette main ouverte si prodigue des
« trésors qu'elle distribue avec grace
« aux artistes et aux savans. La mort
« est paisible sur le sein de Henri II ;
« elle est touchante dans les humides
« yeux de ce jeune François second.
« Cet obélisque, dites-vous , renferme
« le cœur de cet enfant ? Ah ! vous
« avez raison : l'immortalité n'est faite

« que pour l'innocence. Mais pourquoi
« ne reste-t-il pour couronne à Cathe-
« rine de Médicis que ses cheveux hé-
« rissés ? Est-il donc vrai que la mort
« est affreuse pour les méchans ? Quoi !
« Louis XIII et Louis XIV dans cette
« posture suppliante ? Le vainqueur de
« La Rochelle , et le conquérant de
« l'Europe prosternés ! et devant qui ?
« Homme , courbe ta tête à l'aspect de
« ce Dieu qui règne sur l'Univers. Il
« fut aussi le tien, Richelieu ! dont le
« mausolée semble dominer encore sur
« tant de monarques étendus près de
« toi. Ta politique vient des hommes ;
« mais ton génie, tu ne le tiens que de
« lui seul.

« Mais quelle est cette salle spa-
« cieuse, éclairée, soigneusement dé-
« corée, où je pénètre en sortant de ce
« temple ? Qu'a donc écrit le conser-
« vateur sur les attiques de ses portes ?
« *État des arts dans le dix-septième*

« *siècle*. Peut-être Lenoir eût-il mieux
« fait d'écrire , *État des vertus que*
« *état des arts ;* car je vois là Turenne ,
« Montausier, Colbert, Molière , Cor-
« neille et Racine. »

C'est cette suite chronologique de
statues en marbre et en bronze , bas-
reliefs et tombeaux des hommes et des
femmes célèbres, monumens échappés
à la hache des destructeurs et à la faulx
du temps , que je me propose de décrire dans cet ouvrage. J'ai joint à ce
travail une description particulière des
monumens antiques qui ont cessé d'ap-
partenir , par leur caractère, à ce Musée , qui ne doit renfermer que des
monumens français , et qui , depuis
peu , sont retournés à leurs Musées
respectifs ; statues et bas-reliefs dont
j'ai fait tirer des archétypes [1] , que je
placerai dans une salle particulière

---

[1] Épreuves moulées sur un original ou su run modèle.

pour servir à la chronologie de l'art, base principale de mon travail. Cette suite précieuse est composée d'un monument égyptien, vu sur ses deux faces, d'une suite de tombeaux antiques, apportés en France par l'ambassadeur Nointel, qui avait voyagé pour Louis XIV dans la Grèce et dans l'Archipel, et de plusieurs statues antiques que Robert Strozzi avait données à François I<sup>er</sup>.

Dans la première partie du *Musée des Monumens français*, je donne la description des monumens de l'ancienne Gaule, et de suite ceux érigés aux rois de la première race, tels que ceux de Dagobert, Clovis, Frédégonde, Childebert, Charibert, Charlemagne, etc.

Les guerres continuelles et l'ignorance ayant laissé un long intervalle dans la culture des arts, on passera au treizième siècle, où de timides artistes, serviles copistes de la nature et des coutumes du temps, ont commencé à tracer des ensembles et à donner une sorte de forme à leurs statues : on y trouve l'origine de l'architecture arabe en France, introduite à la suite des Croisades.

Le quatorzième siècle fait voir les monumens intéressans du sage Charles V, du bon connétable ( Duguesclin ), du brave Sancerre, et même d'Isabeau de Bavière, etc.

Les tombeaux des d'Orléans, de Juvenal des Ursins, de Philippe de Commines, de Pierre de Navarre, de Tannegui du Châtel, forment l'introduction du quinzième siècle.

La seconde partie est composée des monumens du seizième siècle, et continuée jusqu'au dix-neuvième.

Avant que François I<sup>er</sup> eût créé les arts en France, notre école était plon-

gée dans la plus affreuse barbarie. Déjà
la peinture et la sculpture étaient flo-
rissantes en Italie ; déjà, en Allemagne,
Albert Durer avait fondé une école
d'arts, lorsque, dominés par la superstition, nous osions à peine former un
trait. On trouvera dans le tombeau
de Louis XII, le commencement des
formes raisonnées et du bon goût. Vient
ensuite celui de François Ier. Le monument érigé par Catherine de Médicis
à la famille des Valois , exécuté par
Germain Pilon , d'après les dessins de
Philibert de l'Orme , offre aussi de
grandes perfections.

Vous , Gougeon et Cousin, dignes
fondateurs de l'École française , vous
avez aussi agrandi les arts, et l'érection de vos tombeaux est une dette que
j'ai voulu payer en faveur des siècles
à venir. Ces monumens ont été exécutés
d'après mes plans et mes dessins , ainsi
qu'une grande partie des monumens

renfermés dans ce Musée , que j'ai été obligé de recomposer et de rajuster selon leur âge, à cause des prodigieuses mutilations qu'ils avaient souffertes.

. Un génie bienfaisant a sans doute enfanté le dix-septième siècle pour l'honneur de la nation française; guerriers, poètes, hommes d'état, tous ont marché vers l'immortalité. On retrouvera avec intérêt, sans doute, les monumens de Richelieu , de Mazarin ; ceux de Turenne , Condé, Bignon, Lulli, Lebrun , Mignard, et les statues de Lesueur, Sarrazin , Pujet, et celle de Nicolas Poussin , le peintre des poètes et des philosophes.

Le dix-huitième siècle porte aussi son caractère particulier ; et l'art , quoique dégénéré par un goût faux qui s'était introduit , offrira des détails intéressans pour son histoire. Les Coustou, Bouchardon, Lemoine et Pigalle, nous ont laissé des monumens curieux

par les personnages qu'ils représentent ; et l'on verra sans doute avec plaisir les Crébillon, Maupertuis, Chevert
et Caylus, orner notre recueil.

O Drouais ! fils d'un artiste estimable, tu illustras aussi ton siècle ! tu ne
vis plus pour les arts, mais tu laisses
à la postérité ton nom, ta Cananéenne
et ton Marius. Oui, ton tombeau ho-
norera cet ouvrage, et les ames sensibles reconnaîtront l'amitié dans son
auteur.

La troisième et dernière partie offre
une dissertation historique sur la peinture sur verre, et une chronologie intéressante des principaux vitraux depuis l'origine de l'art, et principalement de ceux qui ont été exécutés d'a-
près les dessins de Raphaël, Primatice,
Albert Durer, Jean Cousin, Lesueur,
Élie *le Belge*, etc.

Un Elysée m'a paru convenir au ca-

ractère que j'ai donné à mon établissement, et le jardin m'a offert tous les
moyens d'exécuter mon projet. Dans
ce jardin calme et paisible, on voit
plus de quarante statues; des tombeaux,
posés çà et là sur une pelouse verte,
s'élèvent avec dignité au milieu du si-
lence et de la tranquillité. Les pins,
des cyprès et des peupliers les accompagnent; des larves et des urnes ciné-
raires, posés sur les murs, concourent
à donner à ce lieu de bonheur la douce
mélancolie qui parle à l'ame sensible.
Enfin on y retrouve le tombeau d'Héloïse et d'Abélard, sur lequel j'ai fait
graver les noms de ces infortunés époux;
les cénotaphes et les statues couchées
du bon Connétable et de Sancerre, son
ami; dans des sarcophages exécutés sur
mes plans et dessins, reposent les illustres restes de Descartes, de Molière, de
La Fontaine, ceux de Turenne, de Boi-
leau, de Mabillon et de Montfaucon;
plus loin, une colonne supporte, dans

un vase , le cœur de Jacques Rohault, digne émule de Descartes. Près de ce cœur philantrope on découvre l'épitaphe touchante et modeste de Jean-Baptiste Brizard, ce favori de Melpomène , qui naguères faisait aimer la scène française.

On trouvera dans l'ouvrage in-folio des gravures soignées , des points de vues les plus intéressans de cet Élysée.

# TABLEAU DES ARTISTES

CITÉS DANS CET OUVRAGE.

| NOMS ET PRÉNOMS DES ARTISTES. | LIEUX OU ILS SONT NÉS. | ANNÉES DE LA | |
|---|---|---|---|
| | | Naissance. | Mort. |
| **A.** | | | |
| ADAM. (Lambert-Sigisbert) | Nanci.......... | 1700.. | 1759. |
| ALGARDI. (Alexandre).. | Bologne........ | 1602., | 1654. |
| ANGUIER. (François)..... | EuenNormandie. | 1604.. | 1699. |
| ANGUIER. (Michel)...... | *Ibid*........... | 1712.. | 1686. |
| **B.** | | | |
| BARROIS. (François)..... | Paris.......... | 1606.. | Inconnue. |
| BENOIT................ | Inconnu........ | Inconnue. | Inconnue. |
| BERNIN. (Jean-Laurent)... | Rome.......... | 1598.. | 1680. |
| BOCCIARDI............. | Inconnu........ | Inconnue. | Inconnue. |
| BOIZOT................ | Inconnu........ | Inconnue. | Vivant. |
| BOUCHARDON. (Edme)... | ChaumontenBass. | 1698.. | 1762. |
| BOUDIN............... | Inconnu........ | Inconnue. | Inconnue. |
| BOURLET.(Jacq.)fr. Bénéd. | Inconnu........ | 1663.. | 1740. |
| BRIDAN............... | Inconnu........ | Inconnue. | Vivant. |
| BROCHE............... | Inconnu........ | Inconnue. | Inconnue. |
| BUYSTER. (Philippe)..... | Bruxelles........ | 1595.. | 1688. |
| **C.** | | | |
| CADENE................ | Inconnu........ | Inconnue. | Inconnue. |
| CAFFIERI. (Jean-Jacques) | Paris.......... | Inconnue. | 1791. |
| CHALLE. (Simon)........ | Paris.......... | Inconnue. | 1765. |
| CHARDIN............... | Inconnu........ | Inconnue. | Vivant. |
| CLODION. (Michel)...... | Nanci.......... | Inconnue. | Vivant. |
| COLLIGNON. (Gaspard)... | Inconnu........ | Inconnue. | 1702. |
| COTTON, (élève d'Anguier) | Inconnu........ | Inconnue. | Inconnue. |
| COUSTOU. (Nicolas)...... | Lyon .......... | 1658.. | 1733. |
| COUSTOU. (Guillaume)... | *Ibid*........... | 1678.. | 1746. |
| COYSEVOX. (Antoine).... | *Ibid*. (origin. d'Espag.) | 1640.. | 1720. |
| CELLINI. (BENVENUTO).. | Florence ....... | 1500.. | 1570. |
| COUSIN. (Jean).......... | Près de Sens..... | 1462.. | 1560. |

| NOMS ET PRÉNOMS DES ARTISTES. | LIEUX OU ILS SONT NÉS. | ANNÉES DE LA | |
| --- | --- | --- | --- |
| | | Naissance. | Mort. |
| **D.** | | | |
| DANIEL RICCIARELLI.... | De Volterre..... | 1509.. | 1566. |
| DAUJON............... | Inconnu......... | Inconnue. | Vivant. |
| DE SEINE............. | Inconnu......... | Inconnue. | Vivant. |
| DESJARDINS. ( Martin Van-den Bogaert.......... | Breda......... | 1640.. | 1694. |
| D'HUEZ.............. | Inconnu........ | Inconnue. | 1786. |
| DUPRÉ............... | Inconnu........ | sous Henri IV. | Inconnue. |
| DUQUESNOY ........... | Bruxelles....... | 1594.. | 1646. |
| DURET................ | Inconnu........ | Inconnue. | Vivant. |
| **E.** | | | |
| ESPERCIEUX........... | Inconnu........ | Inconnue. | Vivant. |
| **F.** | | | |
| FALCONET. (Etienne)..... | Paris ......... | Inconnue. | 1760. |
| FLAMEN (Anselme)...... | Saint-Omer..... | 1647.. | 1717. |
| FRANCIN père. (Claude)... | Strasbourg...... | 1701.. | 1773. |
| FRANCIN fils. (Guillaume). | Paris.......... | Inconnue. | Vivant. |
| FRANÇOIS FLAMAND. ( voyez Duquesnoy ) | | | |
| FOUCOU.............. | Provence....... | Inconnue. | Vivant. |
| FRANCAVILLA. (Pierre).. | Cambrai....... | 1549.. | Inconnue. |
| **G.** | | | |
| GENTIL. (François)...... | Troyes......... | Inconnue. | 1560. |
| GIRARDON. (François).... | Troyes......... | 1630.. | 1715. |
| GOIS. (Adrien).......... | Inconnu........ | Inconnue. | Vivant. |
| GOUGEON. (Jean) ....... | Paris.......... | Inconnue, | 1572. |
| GUÉRIN. (Gilles)........ | Paris.......... | 1606.. | 1678. |
| GUILLAIN. (Simon)...... | Paris.......... | 1581.. | 1658. |
| **H.** | | | |
| HOUDON.............. | Inconnu........ | Inconnue. | Vivant. |
| HURTRELLE. (Simon).... | Béthune........ | 1648.. | 1724. |

| NOMS ET PRÉNOMS DES ARTISTES. | LIEUX OU ILS SONT NÉS. | ANNÉES DE LA | |
|---|---|---|---|
| | | Naissance. | Mort. |
| **J.** | | | |
| JOLY............... | Inconnu........ | Inconnue. | Inconnue. |
| JULIENNE............. | Provence....... | Inconnue. | Inconnue. |
| JUSTE. (Jean).......... | Tours.......... | Inconnue. | 1550. |
| **K.** | | | |
| KELLET. (Jean-Balthasar). | Zurich......... | 1638.. | 1702. |
| **L.** | | | |
| LE COMTE père. (Louis).. | Boulog.-lès-Paris. | 1643.. | 1694. |
| LE GROS. (Pierre)....... | Paris.......... | 1666.. | 1719. |
| LE LORRAIN. (Robert)... | Paris.......... | 1666.. | 1743. |
| LE MOINE (Jean-Baptiste). | Paris.......... | 1704.. | 1778. |
| L'ESPINGOLA. (François). | Joinville....... | Inconnue. | 1705. |
| LESTOCART. (Claude).... | Inconnu........ | Inconnue. | Inconnue. |
| **M.** | | | |
| MARSY. (Balthasar)...... | Cambrai....... | 1628.. | 1674. |
| MAZELINE. (Pierre)..... | Rouen......... | 1633.. | 1708. |
| MAZIÉRE. (Simon)...... | Inconnu........ | Inconnue. | Inconnue. |
| MICHALLON. (Claude).... | Lyon.......... | 1751.. | 1799. |
| MONNOT................ | Inconnu........ | Inconnue. | Vivant. |
| MOUCHY............... | Inconnu........ | Inconnue. | Vivant. |
| **N.** | | | |
| NOURRISSON. (élève de Girardon............. | Inconnu........ | Inconnue. | Inconnue. |
| **P.** | | | |
| PAJOU. (Augustin)....... | Paris.......... | Inconnue. | Vivant. |
| PILON. (Germain)....... | Paris.......... | Inconnue. | 1605. |
| PIGALLE. (Jean-Baptiste). | Paris.......... | 1714.. | 1785. |
| PONCE TREBATI. (Paul)... | Florence....... | Inconnue. | 1562. |
| PONCET............... | Inconnu........ | Inconnue. | Vivant. |
| PRIEUR. (Barthelemi).... | Inconnu........ | Inconnue. | 1550. |

| NOMS et PRÉNOMS DES ARTISTES. | LIEUX OU ILS SONT NÉS. | ANNÉES DE LA | |
|---|---|---|---|
| | | Naissance. | Mort. |
| PRIMATICE. (François)... | Bologne......... | 1490.. | 1570. |
| **R.** | | | |
| RAGGI. (Antoine)........ | Lombardie..... | 1624.. | 1686. |
| REGNAUDIN. (Thomas)... | Moulins......... | 1627.. | 1706. |
| RENARE. (Nicolas)...... | Nanci.......... | 1654.. | 1720. |
| RICCIARELLI. ( *voyez* Daniel.) | | | |
| **S.** | | | |
| SARRAZIN. (Jacques).... | Noyon......... | 1590.. | 1660. |
| SLODTZ. (René-Michel, dit Michel-Ange)......... | Paris.......... | 1705.. | 1764. |
| SOLARIO, (André) élève de Léonard de Vinci...... | Milan.......... | Inconnue. | Inconnue. |
| **T.** | | | |
| TASSAERT............. | Anvers........ | 1728.. | 1788. |
| THIBAULT. (Frère-Jean). | Orléans........ | 1637.. | 1708. |
| TUBY. (Jean-Baptiste).... | Rome......... | 1630.. | 1700. |
| **V.** | | | |
| VAN CLÈVE. (Corneille).. | Paris......... | 1645.. | 1732. |
| VASSÉ père. (Antoine)... | Provence....... | 1683.. | 1736. |
| VASSÉ fils. (Louis-Claude) | Paris.......... | Inconnue. | 1772. |
| VINCI (Léonard de)...... | Florence....... | 1445.. | 1518. |

# INTRODUCTION.

LES arts éprouvent des révolutions comme les
empires : ils passent successivement de l'enfance
à la barbarie, et retournent peu-à-peu au point
d'où ils étaient partis.

L'architecture peut être considérée comme le
plus ancien de tous les arts : la nécessité de s'abri-
ter a sans doute porté l'homme à la construction
des cabanes et à l'emploi du chaume : ne cher-
chant alors que le simple nécessaire, il a coupé
des arbres, taillé des madriers, et s'est, par ce
moyen naturel, formé une demeure pour sa famille. Peu-à-peu cet art s'est agrandi ; l'idée du
beau a suivi le nécessaire, et cet art, simple à sa
naissance, a été porté au plus haut degré de perfection.

L'homme, devenu artiste, se propose, en cher-
chant le beau, de construire des temples, d'élever
des palais immortels et de dresser des statues. Ce
ne sont plus ces cabanes rustiques, formées de
simples piliers de bois, où il goûtait, au milieu des
siens, tous les plaisirs de l'âge d'or, qui peuvent
satisfaire ses desirs et ses besoins : poussé par les
moyens que donne la civilisation, laissant derrière

lui l'enfance de l'art, il exploite des carrières, il dompte la dureté des granits et des porphyres, il en obtient un vif poli; il surmonte tous les obstacles, et des villes magnifiques s'élèvent au milieu des déserts immenses.

Ce n'est que par les monumens que l'on peut donner un âge fixe aux arts. Le temps considérable qui s'est écoulé depuis l'établissement des Assyriens, jusqu'à la Grèce florissante, a causé tant de ravages dans ces contrées, qu'il n'a laissé aucuns vestiges de ces monumens durables sur lesquels on peut fixer les bases principales de l'état de l'art chez un peuple.

On croit que l'art de la peinture a pris naissance dans la Grèce; cependant Diodore de Sicile rapporte que Sémiramis fit peindre, au pont qu'elle fit bâtir dans Babylone, plusieurs figures coloriées, de différens animaux. Le même auteur parle aussi de statues en pierre et en bronze qui décoroient cette superbe ville.

Les Égyptiens n'avaient que des notions légères de la peinture : il est aisé de s'en convaincre en examinant les dessins qu'ils nous ont laissés sur les bandelettes et les coffres de leurs momies. Ces figures ne sont que des hyéroglyphes mal dessinés et peints en détrempe. Tout était mystique chez ce peuple religieux , et la superstition avait tellement arrêté les progrès des arts au milieu des sciences, que leurs statues repoussent au lieu d'attirer.

Ces peuples, qui rapportaient tout à leur culte, commencèrent à s'occuper de la sculpture et de l'architecture, dit *Pline, liv.* 36, *chap.* 13, 670 ans avant notre ère, en parlant du superbe labyrinthe dédié au Soleil sous Psammiticus.

Les colonnes, les pyramides, les obélisques, et les autres monumens en granit et en porphyre, transportés depuis en Italie, sont des preuves du genre d'architecture pratiqué chez les Égyptiens.

Tacite, dans sa narration sur les *Voyages de Germanicus à Thèbes,* dit formellement que cette ville était remplie de monumens superbes : déjà, à cette époque, elle avait été ruinée.

Argos, Sicyone et Athènes ont offert, presque dès leur berceau, des monumens des arts. Le cheval de bois, le bouclier d'Archille, les pénates qu'emporta religieusement Énée ; le palladium de Troye, sont des autorités qui attestent la pratique des arts dans l'Asie Mineure.

Les arts florissaient également chez les Carthaginois. La statue d'Apollon érigée dans le temple de ce dieu au port de Carthage, les dépouilles des maisons et des édifices publics que les soldats de Scipion emportèrent, et que ce général fit servir à son triomphe ; le bouclier d'Asdrubal, si renommé par la perfection de son dessin et de sa ciselure, qu'il fit appendre au capitole ; tous ces monumens prouvent assez que le goût des arts est un sentiment inséparable de l'homme en société, et que leur pratique est nécessairement liée à l'existence des grands gouvernemens.

Bularchus, Polygnotus et Mycon, furent les premiers peintres connus dans la Grèce ; et ce ne fut que vers la quatre-vingt-dixième olympiade, sous le règne d'Alexandre, que la peinture prit une forme raisonnée, dit Pline. Cet art, avant cette époque brillante, était encore à son ébauche, et le peintre, resserré dans des bornes étroites, n'osait former que des traits avec une couleur égale en forme de camaïeux. [1]

Apollodore et Zeuxis, son élève, sont les premiers, suivant Quintillien, qui osèrent distribuer des lumières et des ombres dans leurs tableaux. [2]

Les Grecs, après avoir passé plusieurs siècles à perfectionner le style dans les arts dépendans du dessin, éprouvoient tant de révolutions dans leur gouvernement, que l'art déclina insensiblement,

---

[1] Cléophante de Corinthe inventa la peinture monochromate ( ou camaïeux ) vers l'an 840, avant notre ère.

[2] Les artistes, en Grèce, jouissaient d'une haute considération, et leurs productions leur étaient payées en conséquence de cette considération. L'étude des arts, et en général des sciences exactes, n'était permise qu'aux jeunes gens d'une naissance libre.

jusqu'au moment où il passa en Italie, après la conquête de Métellus.

Les Romains puisèrent le vrai goût des arts chez les Grecs. Fiers d'avoir vaincu le peuple qui faisoit l'admiration des autres nations, ils emportèrent leurs statues, leurs bronzes et tous leurs objets précieux ; ils portèrent cet enthousiasme jusqu'à enlever des portions de murailles peintes par les plus habiles artistes de la Grèce : ils bâtirent des temples magnifiques pour recevoir ces trophées de leurs victoires. [1]

Ce fut l'an 490 de Rome, sous le consulat de Messala, que les arts d'imitation furent portés au dernier période chez les Romains, dit Pline ; Fabius, Marcus Scaurus et Auguste, furent de zélés protecteurs des arts. Vitruve dédia son ouvrrge à ce dernier, comme un hommage dû à son génie et à son goût pour les sciences.

L'art de sculpter le marbre parfaitement se maintint à Rome dans toute sa pureté jusqu'au règne d'Hadrien, qui fit aussi des dépenses énormes pour encourager les artistes, et propager le progrès des sciences Cet empereur porta l'amour

---

[1] Ils enlevèrent d'Ambracie, ville où les rois d'Épire faisaient leur résidence, les neuf Muses, statues en marbre. Ce sont ces belles statues conquises par le consul Bonaparte, qui décorent notre beau Musée des arts ( *au Louvre.* )

des beaux-arts jusqu'à faire restaurer dans l'Asie Mineure une partie des anciens monumens qui avaient été ravagés. « *Avec l'art Hadrien se plaça sur le trône, et le courage des Grecs fut ramené,* » dit Winckelmann.

On s'occupait encore des arts sous Hérode Atticus; il fit ériger des statues à ceux de ses affranchis qu'il affectionnait le plus : il fit élever des monumens à Athènes et dans plusieurs villes de la Grèce.

L'époque de la destruction des arts en Italie, est celle où Constantin quitta Rome pour aller se fixer à Bysance. Il enleva d'abord les statues les plus précieuses, et ensuite il emmena avec lui les artistes les plus instruits. C'est ainsi que l'art fut entièrement éteint dans Rome.

L'an 412 de l'ère chrétienne, un siècle après Constantin, Alaric, roi des Goths, ravagea l'Italie et prit Rome. En 456, Odoacre, roi d'Italie, saccagea cette ville et la mit au pillage. Genseric, roi des Vandales, la rendit presque déserte par ses ravages. Sa plus grande ruine arriva en 545, sous l'empire de Justinien, lorsque Totila, roi des Goths, ne se contenta pas d'en faire abattre les murailles, mais y mit le feu, qui dura treize jours. Les peintures devinrent la proie des flammes. Les sculptures furent en partie brisées ou mutilées, et les mosaïques partirent en éclats.

Dès le commencement du christianisme, il y
eut des sectaires qui firent, pour les églises souter-
raines, quelques tableaux en relief, qui représentaient des sujets de l'Ancien et du Nouveau Testament; mais comme dans cette classe d'hommes
il n'y avait point à Rome d'artistes célèbres, et
que leur croyance leur défendait de communiquer
avec des hommes autres que de leur secte, ils ne
purent tracer que des choses infiniment impar-
faites.

En 614, les sectaires de Mahomet se portèrent
en Arabie, en Syrie, en Afrique et en Espagne;
ils y exercèrent leurs ravages sur tout ce qu'ils ren-
contrèrent offrant des images de choses vivantes,
ainsi que le prescrivent leurs dogmes. Les Sar-
razins détruisirent, à la même époque, dans toute
l'Italie, ce qui restait de monumens des arts; sous
le pontificat de Léon IV, ils entrèrent dans Rome,
prirent le bourg du Vatican, et incendièrent l'église
de Saint-Pierre.

Un siècle après Mahomet, parut la secte des
Iconoclastes, secte dont les arts ont le plus à se
plaindre : ils ravagèrent et détruisirent ce que Constantin et ses successeurs avaient réuni dans Constantinople et les autres villes. Conon l'Isaurien,
plus connu sous le nom de Léon, était à la tête de
ces dévastateurs; Constantin Copronyme, son
fils, ajouta encore aux excès de son père. Léon,

fils de Copronyme, surpassa son aïeul et son père en destruction.

Enfin, après plusieurs règnes de ce genre, Théophile, fils de Michel le Bègue, monta au trône en 829. Il prit de son père un si grand acharnement contre la peinture, qu'il défendit à tout artiste d'exercer son talent. [1]

Les Goths, après avoir ravagé l'Italie, voulurent aussi s'occuper des beaux-arts; mais leur état continuel de guerre les maintint long-temps dans l'ignorance et dans la barbarie.

Les anciens Gaulois, guerriers par nécessité, s'occupaient peu des beaux-arts. Les forêts et les champs étaient leurs temples. Des élévations en pierre brute, et sans ornement, leur servaient d'autels.

Il nous reste peu de monumens de ces peuples

_______

[1] Un moine nommé Lazare, peignant des tableaux de dévotion, fut découvert; l'empereur lui fit souffrir de grands tourmens : étant guéri, il retourna à son travail; Théophile le fit arrêter, et lui fit appliquer aux mains des lames de fer ardentes, afin de lui brûler les chairs; ses blessures se cicatrisèrent, et il s'adonna encore en secret à son talent, qu'il cultiva après la mort de ce tyran.

Après une lutte de près d'un siècle et demi entre les empereurs et les arts, ils dûrent nécessairement s'anéantir, et la secte amateur d'images a dû finir par n'en plus posséder que de très-mauvaises.

sauvages; ceux qui nous sont parvenus annoncent un commencement de civilisation, puisqu'ils sont revêtus de bas-reliefs et d'inscriptions.

On voit dans ce Musée six pierres celtiques dont la forme est carrée, et qui paraissent être les débris d'un autel érigé à Jupiter, sous le règne de Tibère, par des Parisiens commerçant par eau, ainsi que l'annonce l'inscription suivante gravée sur l'une de ces pierres :

TIB. CAESARE.

AVG. JOVI OPTVMO.

MAXSVMO ( *Ara* ) M

NAVTAE PARISIACI

PVBLICE POSIERVNT.

Ces monumens trouvés à Paris dans le chœur de Notre-Dame, en faisant des fouilles, ont été publiés la même année ( 1711 ) par Baudelot, Moreau de Mautour, etc. et depuis par Félibien.

Piganiol prétend que Notre-Dame a été bâtie sur les débris d'un temple dédié à Jupiter.

Childebert, en 554, ordonna la démolition des temples et des idoles dédiés à un autre culte que le sien ; ainsi l'opinion de Piganiol peut être fondée.

Les Goths, pendant leur séjour à Rome, produisirent peu de monumens, soit en sculpture, soit en architecture.

Théodoric, beau-frère de Clovis, fit construire à Rome, et dans les principales places de la Romagne, plusieurs églises que l'on y voit encore, toutes d'un genre très-éloigné du beau, et d'un goût gothique qui fut imité, non seulement dans toute l'Italie, mais encore dans toute l'Europe.

Les Lombards, qui séjournèrent 218 ans en Italie, continuèrent leur mauvais goût gothique.

Les églises construites par Clovis et Dagobert sont absolument gothiques-lombardes, ainsi que Saint-Denis, et les autres basiliques que ce dernier fit bâtir tant en France qu'en Allemagne.

Ce mauvais goût se perpétua sous la première et la seconde race des rois de France, comme le prouvent les édifices bâtis par Charlemagne. L'architecture fit alors quelques pas vers le beau, si l'on en juge par l'abbaye de Cluni, bâtie en France en 810, et par l'église élevée à Florence, en 865; monumens qui servirent de modèles à d'autres édifices. Vers 1178, un architecte grec bâtit à Venise l'église Saint-Marc dont le portique existe encore.

L'histoire rapporte que les Normands, pendant les incursions qu'ils firent à Paris sous différens règnes, ravagèrent les temples des chrétiens, brisèrent les statues et les images de leur culte, dilapidèrent les tombeaux, et mutilèrent les monumens des arts. Plusieurs rois de France firent rétablir à leurs frais les basiliques et les monumens qu'ils avaient ravagés. Sainte - Geneviève fut restaurée par Robert *le Pieux ;* l'abbaye de Saint-Denis par Suger et Louis IX : Christophe de Thou fit restaurer l'église des Cordeliers de Paris.

Cependant, sous Louis IX, le célèbre Montreau [1] parut à Paris ; il y bâtit plusieurs édifices publics, tels que la Sainte-Chapelle, le réfectoire de Saint-Martin-des-Champs, celui de Saint-Germain-des-Prés, et la grande chapelle de la Vierge. Ce genre hardi d'architecture, imité des Arabes, est encore admiré.

On conservait, dans cette chapelle, la tombe en pierre de liais qui couvrait cet artiste ; il y avait été inhumé le 17 mars de l'an 1266, avec Agnès son épouse.

Cette pierre, qui avait été gravée en creux, le représentait avec une règle et un compas à la main ;

---

[1] Saint-Louis employa pour la bâtisse Pierre Montreau, fameux architecte de son temps, dont on a encore des ouvrages recommandables par la délicatesse et la solidité ; tels que le réfectoire et la grande chapelle de la Vierge de l'abbaye de Saint-Germain-des-Prés, qui n'est pas beaucoup inférieure en étendue et en beauté à la Sainte-Chapelle. (*Voyez* l'histoire de la Sainte-Chapelle. )

l'inscription suivante était gravée sur cette pierre sépulcrale :

*Flos plenus morum , vivens doctor , Latomorum Musterolo natus jacet hîc Petrus tumulatus quem rex cœlorum perducat in alto polorum , christi milleno, bis centeno duodeno.*

*Cum quinquageno quarto decessit in anno.* [1]

Le goût gothique, en France, se prolongea dans la sculpture et dans la peinture , sous la deuxième et en partie sous la troisième race, jusqu'à Louis XII.

Les Toscans furent les premiers qui commencèrent à retirer les arts d'imitation du mauvais goût et de la barbarie dans laquelle les Goths les avaient laissés.

En 1013 , on construisit à Florence une église qui fut dédiée à Saint-Miniate.

Dès ce moment, le goût commença à se développer ; plusieurs artistes adaptèrent, avec intelligence, à leurs bâtimens, les bas-reliefs antiques qui se découvraient alors ; ils attirèrent dans leurs villes des sculpteurs et des peintres grecs, dont le mérite de ces derniers se bornait à faire de simples camaïeux ; car, à cette époque, l'art du clair-

---

[1] Je suis à la recherche de ce monument, qui a été confondu dans des démolitions faites lors de l'établissement des usines bâties sur ce terrain.

obscur était encore ignoré. Ces artistes grecs apprirent aux Italiens l'art de la peinture en détrempe, de la fresque et de la mosaïque.

Peu de temps après naquit Cimabué, pour rendre à la peinture la splendeur que tant de siècles de barbarie et de guerres lui avaient enlevée. Cimabué apprit son art de deux peintres grecs appelés à Florence pour peindre la chapelle de Gondis. Cimabué, lié d'amitié avec le Dante et le célèbre Pétrarque, ne tarda guère à perfectionner son talent et à répandre la lumière dans toutes les parties des beaux-arts. De nos jours, l'Institut national nous présente une réunion semblable de talens qui ne peut que rendre de grands services aux arts et aux sciences.

Sous François Ier, les sciences et les arts furent portés à un très-haut point de considération. Cet ami des arts fit venir de l'Italie un nombre d'artistes habiles qu'il encouragea, non seulement par des travaux, mais encore par des récompenses honorables. Il tint à honneur de tenir dans ses bras Léonard de Vinci expirant, qu'il avoit fait venir auprès de sa personne. Enfin cet homme de goût sut, à force de travaux et d'encouragemens, fonder les arts dans un pays qui jusqu'alors avait été barbare.

L'école française fut fondée en 1540; et François Ier, après avoir reçu les derniers soupirs de

Léonard , donna sa confiance à Jean Cousin , peintre-sculpteur et géomètre célèbre. Jean Cousin fut le fondateur de cette école immortelle , qui depuis attira sur elle les regards de l'Europe.[1]

Sous les règnes orageux de Médicis et de Charles IX, les arts furent aussi encouragés ; quantité de monumens furent érigés , et l'art se maintint dans sa perfection.

Pendant que Henri combattait pour monter au trône de France, les ligueurs se portèrent à l'abbaye de Saint-Denis , et y mutilèrent les monumens des arts qui montrent encore aujourd'hui les marques de leur fureur.

La sculpture, rendue à toute sa pureté par Goujeon et Pilon, avait pris une haute considération, lorsque la peinture, le plus agréable des arts, pour ainsi dire délaissée et abandonnée , languissait en France, malgré les efforts que fit Jean Cousin pour l'établir avec succès. Ce peintre statuaire publia sur cet art des principes faits pour enseigner la route que Michel-Ange et Raphaël avaient si puissamment tracée dans toutes les branches de l'art

---

[1] Jean Cousin est mort en 1589, fort avancé en âge ; on ignore la date de sa naissance.

Henri IV fit construire dans son palais vingt-quatre logemens en faveur des artistes distingués de son temps. Cette fondation honorable a été prodigieusement augmentée depuis son institution.

du dessin. Vains efforts ; ce ne fut que vers 1615 que l'on s'occupa sérieusement de la pratique de la peinture ; jusqu'alors on avait employé des artistes étrangers à la décoration des monumens publics.

Simon Vouet, doué d'une imagination féconde, montra une si grande facilité dans ses compositions, qu'il plut à la cour de Louis XIII. Tous les travaux furent exécutés sous sa direction, et son école obtint la prépondérance.

Nicolas Poussin, que la nature avait sans doute formé pour l'honneur de l'école française, et pour ramener les arts à cette sévérité et à cette justesse d'expression qui seule les distingue, vint à Paris ; bientôt il y déploya les ressources de son génie et de ses facultés morales. Il fut employé, et peignit des plafonds dans le château du Louvre. L'envie, qui veille souvent auprès du vrai mérite, lui suscita d'affreux dégoûts.

Vouet fut le moteur des tracasseries sans nombre que l'on fit éprouver au premier peintre français. Il se servit de l'ambition et du caractère impérieux de Lebrun [1], son élève, pour éloigner de

---

[1] Lebrun, âgé alors de vingt-deux ans, avait produit plusieurs ouvrages d'une grande force : Hercule faisant manger Diomède par ses chevaux, et le Massacre des Innocens, tableaux placés dans la galerie du Palais-Royal. Lebrun fut nommé de suite le premier peintre de Louis XIV ; il produisit quelques ouvrages distin-

la France un talent qui devoit nécessairement renverser la manière facile et pernicieuse qu'il avait enseignée dans son école. Ils parvinrent à leur but ; et Poussin, accablé sous le poids des injustices, quitta sa patrie, passa sur une terre étrangère pour exercer la peinture avec la liberté qui convenait à son génie : il y mourut. [1]

---

gués : doué d'une imagination heureuse et féconde, il réussit dans l'art de distribuer ses groupes. ( *Voyez* les Batailles d'Alexandre. ) Il a souvent donné de l'éclat à ses ouvrages par la beauté des expressions ; ce qui est parfaitement reconnu dans le tableau de la Famille de Darius, qu'Edelinck a rendu si célèbre.

[1] Roger de Piles, *article* POUSSIN, dit :

Il commença dans la galerie du Louvre les travaux d'Hercule, dans le temps que la brigue de l'école de Vouet le chagrinait par des médisances et de mauvais discours. Cela, joint à la vie tumultueuse de Paris dont il ne pouvait s'accommoder, lui fit prendre la résolution secrète de retourner à Rome, sous prétexte de mettre ordre à ses affaires domestiques ; mais, quand il fut à Rome, il ne voulut jamais revenir en France.

On lit dans Fontenai, *article* POUSSIN :

...... La galerie de ce palais ( le Louvre ) devait représenter les travaux d'Hercule, mais il trouva trois envieux à combattre ; Lemercier, premier architecte du roi ; Vouet, qui était en grande réputation ; et Fouquiers, fameux peintre flamand. Il fit des mémoires pour se défendre de leurs calomnies et pour justifier son ouvrage ; enfin, las de toutes ces disputes, etc..... il s'en retourna à Rome en 1642.

Les peintres et les statuaires furent très-occupés sous Louis XIV, qui avait le plus grand desir de perfectionner les talens; mais les artistes, entraînés par Lebrun dans un style nouveau qu'il introduisit dans ses académies, abandonnèrent totalement la simplicité de la nature et le goût de l'antique. Ce système nouveau prit avec fureur, et ce fut pour les arts dépendans du dessin l'époque de leur décadence. Lesueur, le faible Lesueur eut le courage d'y résister seul, et mourut à trente-huit ans, victime, dit-on, du despote Lebrun.[1]

Sous Louis XV, Vanloo et Boucher furent les apôtres d'un goût si dépravé, que l'art et l'enseignement tombèrent dans une entière dégradation.

Quatremère-de-Quincy, homme de lettres et sculpteur habile, fait pour sentir les beautés de l'art et pour apprécier les chefs-d'œuvres de l'antiquité, s'exprimait ainsi, en 1791, sur les causes de la décadence des arts en France :

« Ceux qui connaissent l'histoire morale de l'académie, savent que cet esprit de distinction n'a fait depuis que s'y fortifier. Il y eut toujours une sorte de guerre ouverte entre l'académie et la communauté des peintres, (l'académie de Saint-Luc,

---

[1] Watelet parlant de Lebrun : « Sa conduite orgueilleuse et despotique avec les artistes fut expiée par les mortifications qu'il éprouva sur la fin de sa vie, et que lui causa Mignard, qui lui était inférieur. »

dont Eustache Lesueur, Lepaultre, etc., s'hono-
rèrent d'être membres, et dont ils préférèrent
l'égalité qui y régnait à celle qui fut instituée par
Lebrun, dans laquelle ils dédaignèrent d'entrer;
l'académie de Saint-Luc fut détruite par Pierre,
peintre aussi médiocre qu'il était hautain.») Cette
rivalité eût eu d'heureux effets, si les deux émules
eussent pu combattre à armes égales. Mais le nom
seul d'*académie royale* devait écraser la jurande
bourgeoise. Celle-ci n'existait plus que par les
saisies qu'elle essayait de renouveler de temps en
temps contre tous ceux que ne pouvait couvrir
l'égide académique. Les places d'*agréé* furent ins-
tituées pour offrir un abri provisoire aux poursuites
des jurés. Le titre seul d'élève de l'académie donnait un rempart contre les atteintes de la communauté, qui disparut enfin tout-à-fait en 1776. Des
médailles académiques ont proclamé cette victoire,
et en ont consacré le souvenir avec le mot pom-
peux de *liberté rendue aux arts.*

Délivrés des vexations de la jurande, les artistes
ne perdirent point cependant l'ambition de l'investiture académique. Elle fut toujours l'objet cons-
tant de leurs vœux et le but de tous leurs efforts.
Un siècle d'opinion avait habitué le public à re-
garder l'académie comme l'élite des plus habiles
maîtres; l'honneur d'y inscrire son nom, l'intérêt
attaché à cet honneur, ont perpétué jusqu'à sa dis-

solution la tendance naturelle de tous les desirs vers une association qui donne la réputation, et la fortune qui en est l'effet.

« Ce petit abrégé historique de l'académie nous prouve que ce corps se compose de deux substances; l'une utile, et qui consiste dans les rapports de l'enseignement; l'autre purement honorifique, et qui consiste dans l'investiture du titre qu'elle confère à ceux qui y sont agrégés, c'est-à-dire qu'on peut y distinguer l'école de l'académie. Quant à l'école, j'observerai à ceux qui, pour invoquer sa destruction, peuvent se prévaloir de l'affaiblissement progressif qu'on y observe depuis Lebrun et ses fondateurs jusqu'à nos jours, que la raison de cette décadence est, beaucoup plus qu'on ne le croit, dans cette combinaison très-vicieuse et très-impolitique des deux substances que nous venons de reconnaître à l'académie.

« C'est cette complication de deux essences fort étrangères l'une à l'autre, qui a fait naître dans ce corps hermaphrodite tous les genres de passions les moins compatibles avec l'amour des arts, qui y a excité de tout temps ces mouvemens fébriles de l'orgueil, *( suite ordinaire de l'ignorance )* de l'avarice, de l'ambition; qui a imprimé à tous ceux qui le composent une répugnance contre tout talent né hors de son *sein*, ou qui prétendrait aspirer à la gloire par d'autres moyens que les

*siens ;* qui y a produit enfin ce despotisme incu-
rable et invisible à ceux même qui en sont les
agens et les victimes, cette espèce de superstition
qui s'empare de l'enfance, enveloppe tous ses sujets
d'un tissu insensible de préjugés, maîtrise leurs
facultés, fascine leurs yeux, et tyrannise leur intelligence.

« Qui ne voit pas que ce corps, juge et partie tout
à la fois, ne réservera ses couronnes que pour ceux
qui se seront montrés dociles à suivre ses leçons ;
que l'admission à l'academie devenant le prix des
succès dans l'école, ce corps est un *cercle vicieux*
d'influence morale sur ceux qui exercent les arts?
Qui ne voit pas que lorsqu'un jour on doit avoir
pour juges de son talent, et arbitres de sa fortune,
ceux dont on aura été le disciple, l'ambition de
devenir leur égal et de s'asseoir à côté d'eux, le
penchant à la flatterie, si efficace, si active en ce
genre, le desir de parvenir, et tant d'autres motifs, viendront fortifier encore l'inclination si naturelle des élèves à copier leurs maîtres?

« De là cette uniformité de physionomie dont
on se plaint depuis si long-temps dans tous les
ouvrages ; de là cette dégradation périodique de
chaque génération, dont le caractère, empreint
d'une façon toujours la même, ne doit donner que
des épreuves de plus en plus usées et affaiblies ;
de là sur-tout ce grand vice qui, d'une multitude

de maîtres, n'en fait qu'un seul , en réunissant par l'esprit de corps, à une seule méthode, à une seule manière de voir, toutes les habitudes que la routine et l'exemple dirigent dans le même sens. »

« Raphaël n'eut pas l'avantage d'étudier dans une académie, *(dit Reynolds)* mais Rome entière, l'antique sur-tout, et les ouvrages de Michel-Ange, furent son académie. »

Ce n'est qu'après avoir vu les ouvrages de Michel-Ange que le génie de Raphaël s'est développé : renfermé dans l'école du Pérugin, son maître, il avoit pris de lui un goût dur et barbare : frappé comme d'une lumière céleste à la vue de la chapelle Sixtine, il compara les statues des Grecs avec la nature, et dès ce moment il fut un homme sublime.

Raphaël, peignant à fresque une des loges du Vatican, avait fait une tête du Père-Eternel, fort belle à la vérité , et très-majestueuse ; mais ce n'était qu'une tête humaine. Michel-Ange en avait fait une à la voûte de la chapelle Sixte, et la suprême majesté, l'air *sur-humain ,* le caractère sublime, la fierté divine qui l'animait, firent sur Raphaël la plus profonde impression : plein du beau qu'il vient de saisir, il retourne à ses travaux, et fait un Dieu.

Michel-Ange fut voir à son tour les peintures de Raphaël dans le petit Farnèse, dans le moment où il n'y était pas ; et pour lui faire connaître qu'il était venu, il dessina au charbon une belle tête de Faune, dans un coin du plafond. Raphaël, en la voyant, s'écria que ce ne pouvait être que Michel-Ange qui eût fait ce dessin ; il le respecta en ne mettant rien à l'endroit : on le voit encore. ( *Voyez la vie de Michel-Ange, par Hauchecorne*, page 372.)

Paris, dans ces temps de calamité pour les arts, n'avait ni Musée ni collections publiques ; les maîtres, par orgueil, cachaient aux élèves les chefs-d'œuvres des grands hommes, se donnaient seuls pour modèles ; et faisoient de leurs élèves des esclaves auxquels ils faisoient porter leurs livrées.

Versé dès ma jeunesse dans l'art du dessin, je me suis convaincu que les collections étaient plus précieuses pour les progrès des arts que les écoles, où les élèves ne voient jamais de monumens, et dans lesquelles ils n'entendent aucunes dissertations. Les exemples que l'on a sous les yeux, les comparaisons que l'on fait d'une manière de faire avec une autre, forment le goût et constituent l'étude raisonnée. Sans ce travail de l'esprit, l'étude n'est plus qu'une routine, l'art devient un métier et se dégrade infailliblement.[1]

---

[1] Ces motifs puissans m'ont déterminé à ouvrir, dans le Musée que je dirige, un cours théorique et une école pratique de l'art du dessin.

Enfin le célébre Vien parut : il ouvrit une école nombreuse, améliora le style et le bon goût dans le dessin ; et déjà une foule de maîtres habiles, sortis de son école, répandent la lumière parmi les élèves qu'ils forment, et nous font voir dans l'avenir l'école française rivale de l'école romaine. Marie-Joseph Peyre[1], par ses leçons et ses recherches, rétablit aussi le bon goût dans l'architecture, et publia un ouvrage sur les élémens de cet art.[2]

Le citoyen David Leroy, connu par son recueil sur les monumens de la Grèce, a également contribué à la restauration de l'architecture ; ce respectable professeur a eu le courage de développer dans ses leçons les principes des anciens sur la proportion des ordres. Septuagénaire, il consacre encore ses veilles à des recherches utiles et précieuses pour la théorie de cet art.

Suivons maintenant l'histoire des arts en France, et cherchons, à la faveur des monumens que nous avons sous la main, à démontrer comment les arts dépendans du dessin, après avoir pris naissance

---

[1] C'est à cet artiste, restaurateur de l'architecture, que nous devons les talens distingués des Percier et Fontaine, ses élèves.

[2] Cet ouvrage, utile aux élèves qui se destinent à l'étude de l'architecture, se trouve chez le fils de l'auteur, rue des Poitevins, n° 13.

dans l'Asie, ont passé dans les Gaules ; exposons aux yeux de nos lecteurs comment ils s'y sont maintenus, et quelles sont les principales causes de leurs progrès et de leur décadence. « L'objet « d'une histoire raisonnée de l'art est de re- « monter jusqu'à son origine, d'en suivre les « progrès et les variations jusqu'à sa perfection, « et d'en marquer la décadence et la chûte jusqu'à « son extinction. »

# DESCRIPTION



DES

## ARCHÉTIPES ANTIQUES.

Dès que les peuples ont commencé à se civiliser, ils se sont occupés des arts, comme aliment essentiellement nécessaire à l'activité du commerce, qui, sans leur participation, seroit nul et sans vie.

Les anciens, pénétrés de cette importante vérité, bâtirent des temples et des palais magnifiques, pour servir à la réunion des savans et des artistes.

Ces temples et ces palais étaient connus sous le nom de Musées; car Musée ne désigne pas seulement un local qui renferme des monumens des arts, mais aussi celui où les artistes s'assemblent pour disserter sur les arts. Tel fut le Musée d'Alexandrie dans lequel ses rois, et depuis la conquête de l'Égypte les empereurs romains, ont entretenu avec une magnificence extraordinaire un nombre de savans, dont toute l'occupation était de s'appliquer aux lettres.

Plutarque attribue l'invention de ce Musée à Ptolomée: *Ptolemaeus qui primus viros doctos in Museum convocavit;* et ce fut ce même Ptolémée Philadelphe, amateur des arts et des lettres,

4

qui s'appliqua pendant son règne à en étendre l'empire en Égypte.

Le Musée d'Athènes était un temple consacré aux Muses, bâti au pied d'une petite colline, située dans l'ancienne enceinte, vis-à-vis la citadelle : c'est là que s'assemblaient les savans, les poètes et les philosophes de la Grèce.

Les Grecs sollicitèrent plusieurs lois pour l'honneur des arts et en faveur des artistes.

Les Romains, à leur imitation, se piquèrent aussi d'encourager les sciences; et l'empereur Claude, au rapport de Suétone, ajouta à l'ancien Musée un nouvel établissement de ce genre, auquel il donna son nom : *Quarum causâ veteri Alexandriae Museo additum ex ipsius nomine.*

Honorer les arts, c'est s'agrandir soi-même. Alexandre visitait souvent Apelle; François Ier reçut les derniers soupirs de Léonard ; Charles-Quint se délassait de ses travaux dans l'atelier du Titien.

Si l'on considère la chronologie des siècles passés comme un livre ouvert à l'instruction, et dans lequel on lit la marche des événemens, on sentira la nécessité de classer les monumens selon leurs époques, en suivant la ligne de démarcation que la nature a tracée elle-même.

Un Musée doit, en conséquence, avoir deux points de vue dans son institution; vue politique et

vue d'instruction publique : dans la vue politique, il
doit être établi avec assez de splendeur et de magnificence pour parler à tous les yeux, et appeler
des quatre coins du monde les curieux qui se fe-
raient un devoir d'ouvrir leurs trésors pour les
verser chez un peuple ami des arts ; pris dans la
vue d'instruction, il doit renfermer tout ce que
les arts et les sciences réunis peuvent offrir à l'enseignement public. Tels étaient les Musées des anciens peuples dont nous aimons encore le souvenir.

Si le bien des arts nécessitait la destruction des
académies, si vicieuse par leur organisation, leur
progrès demandait aussi un moyen d'enseignement clair et facile qui procurât à tous les étu-
dians les facilités de consulter les grands maîtres.
Ces moyens d'étude se trouvent naturellement dans
un Musée chronologiquement disposé : c'est là que
la jeunesse trouvera, par les rapprochemens qu'elle
pourra faire d'elle-même, des modèles sûrs pour
diriger la marche de ses études ; car il est reconnu
que, dans les sciences exactes, on doit être parfaitement nourri des différens ouvrages qui ont pré-
cédé notre siècle dans la partie que le goût nous a
fait embrasser, et que ce n'est qu'après une longue
méditation de la nature, que ce n'est qu'à force de
comparer les chefs-d'œuvres des grands maîtres
avec elle, que l'on parvient soi-même à être un
homme célèbre. C'est en raison de cet impérieux

besoin où se trouvent les jeunes élèves qui suivent la carrière des arts, que j'ai reconnu l'indispensable nécessité de placer dans un Musée tous les monumens des arts par école et par ordre chronologique. En observant ce classement chronologique pour l'arrangement du Musée central de peinture, de ce moment il devient une école savante et une encyclopédie où la jeunesse trouvera mot à mot tous les degrés d'imperfection, de perfection et de décadence, par lesquels les arts dépendans du dessin ont successivement passé. Cet ordre méthodique est celui que les conservateurs des Musées doivent suivre, s'ils veulent embrasser ces établissemens dans tous leurs rapports politiques et philosophiques, et sur-tout s'ils veulent les voir comme le flambeau qui doit éclairer la génération prochaine, dont l'absence de la lumière avait, pendant plus d'un siècle, maintenu le mauvais goût. Ce sont ces motifs qui ont dirigé les travaux que je me suis proposés dans le *Musée des monumens français ;* commençons par les anciens peuples pour ouvrir la marche des siècles que nous avons à parcourir.

## N.º I.

Modèle d'un sarcophage en porphyre de trois pieds de long, sur vingt-un pouces six lignes de large, posé sur des supports, aussi de porphyre,

N.° I.

Urne Sépulchrale.

représentant des animaux chimériques ; sur les revers des supports sont des bas-reliefs grossièrement exécutés.

Ce monument, dont une partie est antique et l'autre d'une restauration moderne, n'est qu'une imitation du style égyptien, que l'on fait remonter au premier temps des empereurs.

L'art de travailler les porphyres, les granits, les basaltes, et en général toutes les matières dures, date de la plus haute antiquité. Les Égyptiens employaient souvent ces matières précieuses dans leurs monumens publics.

On voit au Musée central des arts deux figures du premier style égyptien, exécutées en granit rouge, dans la proportion de quatre pieds. Ces figures précieuses sont chargées d'hiéroglyphes, et représentent des prêtres, dont l'un montre au peuple une divinité qu'il tient enfermée dans une boîte. Les Grecs ont perfectionné ce genre de travail ; ce que l'on est à même de juger, si l'on examine, dans le même Musée, une tête de Minerve en porphyre, faussement prise pour un buste d'Alexandre. [1]

Les Romains ont aussi fait travailler ces matières par des artistes grecs. On voit également dans ce *Musée intéressant, dirigé par des*

---

[1] On lit dans Winckelmann une dissertation savante sur les bustes connus d'Alexandre.

*artistes d'un mérite rare et reconnu*, des bustes exécutés sous les empereurs, qui peuvent constater l'état de ce travail à cette époque.

Les richesses de la France en beaux-arts sont immenses ; et ce Musée, par sa bonne direction, peut attirer tous les regards de l'Europe.

Cette urne [1], destinée probablement à contenir les cendres d'un personnage distingué, paraît avoir été dédiée à Bacchus. Les têtes des animaux qui composent les supports, que l'on dit représenter des chats sauvages ailés, tiennent plus de la forme d'un lion rugissant. On sait que ce dieu prit la figure de cet animal pour combattre les géans, et principalement leur chef Rœthus.

M. Bouret, qui avait acheté ce morceau précieux à Rome, l'avait déposé dans la maison Verospi : le savant Caylus en eut connaissance, en fit l'acquisition, le fit venir à Paris, et élever dans son jardin où il le contemplait souvent. *Maintenant il se voit au Musée central des arts.*

### N.º I *bis*.

Trois morceaux de bas-reliefs réunis dans un seul cadre.

---

[1] Le terme d'urne, dont je viens de me servir, ( dit Caylus, tome VII ) est non seulement convenable à son ancienne destination ; mais les Italiens l'emploient aujourd'hui, même en parlant des tombeaux destinés à renfermer les corps dans toute leur longueur.

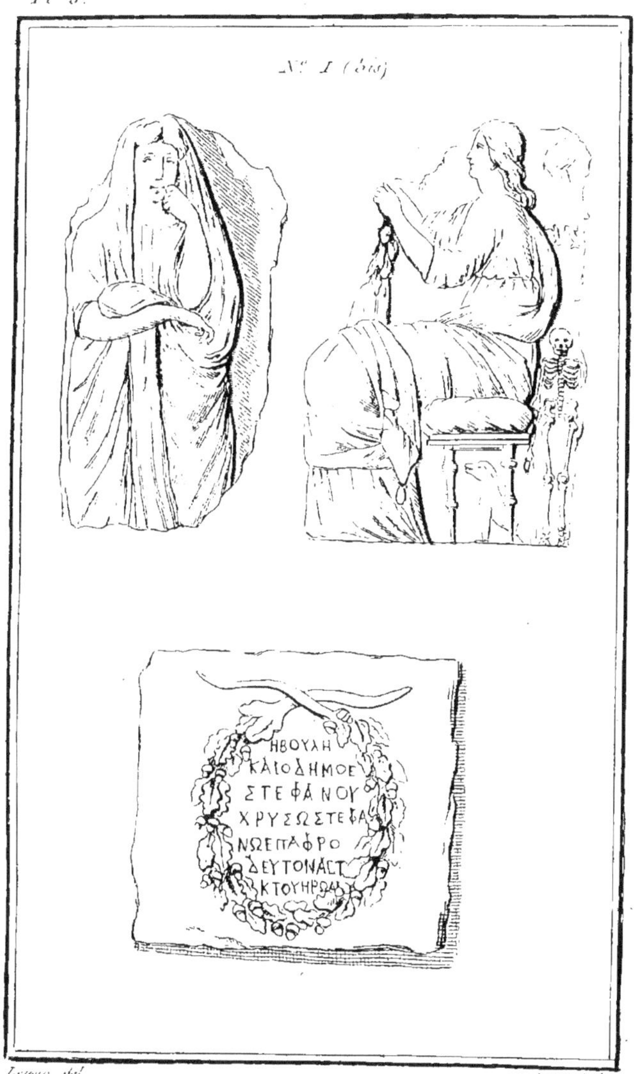


Lenoir del.　　　　　Guyot Sculp.

Pierres Sépulchrales.

Ces morceaux n'ont aucun rapport les uns avec les autres.

Dans le premier, on remarque une femme assise sur une chaise : elle est occupée à former une guirlande de fleurs et de fruits, et dans l'attitude de les offrir en sacrifice. Derrière elle est une petite figure dont il est impossible de deviner le sujet à cause des mutilations ; cependant il est à croire qu'elle représente une divinité protectrice. Sous la chaise on remarque une levrette, et derrière est placé un squelette.

Le morceau du milieu, d'un travail grec, représente une couronne de chêne dont le vidè est rempli par l'inscription suivante :

Η Β Ο Υ Λ Η

Κ Α Ι Ο Δ Η Μ Ο Ε

Σ Τ Ε Φ Α Ν Ο Ι

Χ Ρ Υ Σ Ω Σ Τ Ε Φ Α

Ν Ω Ε Π Α Φ Ρ Ο

Δ Ε Ι Τ Ο Ν Α Ε Τ Ε

Κ Τ Ο Υ Ε Ρ Ω Α ν.

Cette inscription porte sans contredit un hommage authentique, rendu par les Grecs à un homme célèbre. Nous savons qu'il suffisait chez eux d'avoir fait quelque action d'éclat, soit sur le champ de bataille, soit dans la tribune aux harangues, pour réclamer et obtenir une couronne d'or : d'après cela, il semble vraisemblable qu'Épaphrodite ait été l'objet de ce monument, quoique ce nom ne soit pas consacré dans les fastes de l'histoire.

La traduction littérale semble devoir être :

*Les magistrats et le peuple décernent une couronne d'or à Épaphrodite par ce monument public.*

L'autre débris est aussi un fragment de tombeau; ce que l'on apperçoit aisément par l'attitude que l'auteur a donnée à la figure de femme qu'il représente.

## N.º II.

Pierre sépulcrale, en marbre de Paros, représentant un sacrifice.

On remarque dans ce bas-relief un homme debout, portant la barbe, vêtu d'une tunique longue, avec un manteau jeté sur l'épaule gauche, ayant le corps à moitié découvert, et la main droite posée sur la tête d'un Terme qui est près de lui. On voit au Terme les espèces de bras coupés qui servaient à les porter dans les fêtes religieuses : au bas du Terme est un petit enfant dans l'attitude de l'attention; ses regards sont tournés vers une femme assise à la gauche du personnage sacrificateur : cette femme est dans l'attitude la plus simple, se découvrant le visage d'un voile qu'elle lève.

Tombeau Grec.

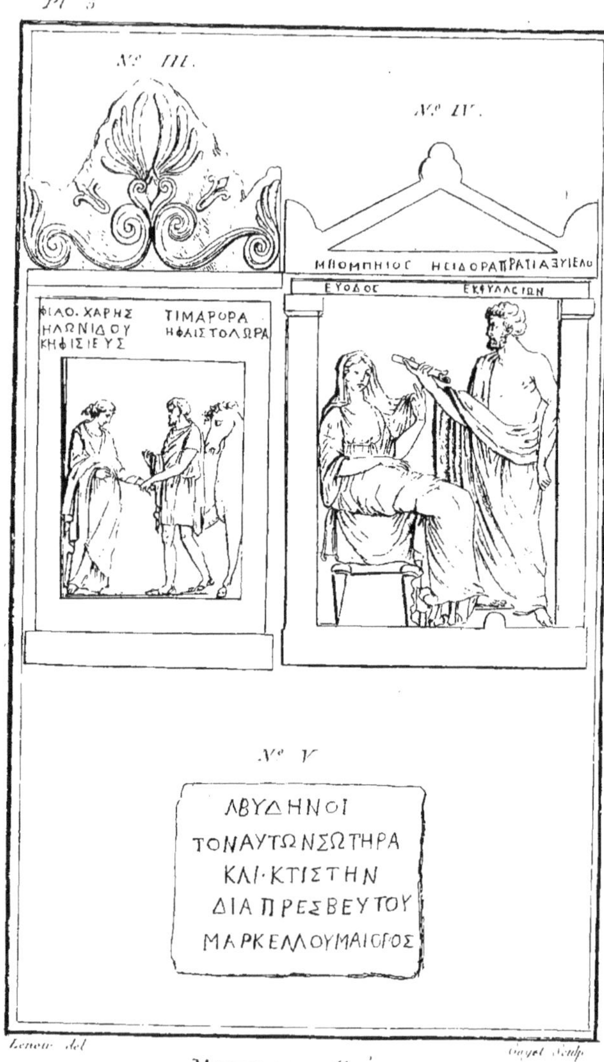


Monumens Grecs.

Voici l'inscription figurée de ce monument :

HBOΥΛΗ  ΚΑΙΟΔΗΜΟC.  ЄΛΙ

CΤЄΦΑΝΟΙЄ ΧΡΥCωCΤЄ.  ΚωΝΙ

ΦΑΝω. ЄΥΡΥΘΜΟΝ.  ЄΠΙΑC ЄΡ

ΤΥΧЄΟC. ΠΡΟΜCΙΡωC.  ΜΙΟΥ

ΒΙωCΑΝΤΑ.

Celle-ci est du genre de la précédente, et a pour objet un autre homme célèbre, nommé Eurythme. Il faut observer que, dans cette inscription, les mots ελικωνιας ερμοῦ sont écrits en caractères différens de la phrase principale, qui peut s'interpréter ainsi :

*Les magistrats et le peuple décernent une couronne d'or à Eurythme, qui a vécu de manière à mériter cet heureux destin.*

Alors ces mots ελικωνιας ερμοῦ peuvent signifier Elikonias, fils d'Ermiès, et être le nom de l'auteur du petit bas-relief.

<h3 style="text-align:center">N.º III.</h3>

Autre pierre sépulcrale revêtue de l'inscription suivante :

ΦΙΛΟ  ΧΑΡΗΣ.      ΤΙΜΑΓΟΡΑ

ΦΙΛΩΝΙΔΟΥ        ΗΦΑΙΣΤΟΔΩΡΑ

ΚΗΦΙΣЄΥΣ.

Cette pierre couvrait probablement deux époux,

comme l'indique le bas-relief où on les voit se donner la main. Au-dessus de la tête de chacun, on lit son nom. Sur celle de l'homme, on voit *Philocharès*, *fils de Phylonide*, *du lac de Céphise*. Sur la tête de la femme, il est écrit : *Timagore Héphaistodore.*

On peut remarquer, dans cette inscription si simple, que les noms grecs étaient fort significatifs, et que, dans l'interprétation, on ne peut guère que les franciser sans les traduire.

C'est ainsi que le mot grec φιλοκαρης porte avec lui un sens agréable par son étymologie, étant formé de deux mots φιλος et καεις dont le premier signifie *ami* et le second *grace*.

Les mots φιλωνιδ͂ et τιματ͂ορα sont de même des noms composés : celui qui accompagne ce dernier est un surnom formé des deux mots ηφαισος *Vulcain*, et δωρον *don*. Il signifierait, d'après son étymologie, *don de Vulcain*. Dans notre langue française le surnom *Dieu-donné* se rapproche de celui-ci.

## N.º IV.

Autre pierre sépulcrale, en marbre de Paros :

M. ΠΟΜΠΗΙΟΣ ΙΣΙΔΟΡΑ ΠΡΑΞΥΤΕΛΟΥΣ
ΕΥΟΔΟΣ     ΕΚΦΥΛΑΣΙΩΝ.

Cette pierre porte aussi les noms de ceux qu'elle

couvrait. Elle semble être du temps où les Romains, maîtres de la Grèce, y avaient établi des familles dont les noms latins furent grécisés. La différence qu'il y a entre les caractères de cette inscription et ceux des précédentes, atteste que celle-ci est plus récente. Il est donc possible qu'une famille romaine ait été alliée avec une famille grecque ; car le nom de femme est bien grec : d'après cela on pourrait lire sur la tête de l'homme : *Marc-Pompée qui a dignement fourni sa carrière.* Le surnom de ΕΥΟΔΟΣ est du genre de ceux dont il est question plus haut.

Sur la tête de la femme on lit : *Isidore, fille de Praxitèle de la tribu des dieux.* Le mot grec Σιων était employé par les Doriens pour νεων. De là on peut présumer que cette pierre appartenait à une contrée de la Grèce, où le dialecte dorien était usité.

### N.º V.

Inscription gravée sur une table de marbre de Paros :

ΑΒΥΔΗΝΟΙ

ΤΟΝ ΑΥΤΩΝ ΣΩΤΗΡΑ

ΚΑΙ ΚΤΙΣΤΗΝ

ΔΙΑ ΠΡΕΣΒΕΥΤΟΥ

ΜΑΡΚΕΛΛΟΥ ΜΑΙΟΡΟΣ.

Il semble qu'il y ait un mot de sous-entendu

dans cette inscription : ce mot doit être un verbe, et peut être ΑΣΠΑΖΟΝΤΑΙ : la langue grecque comporte souvent de pareilles ellipses, sur-tout dans les inscriptions qui ne sauraient être trop brèves. Si l'on sous-entend ΑΣΠΑΖΟΝΤΑΙ, voici une version qui paraît vraisemblable :

*Les citoyens d'Abydos rendent hommage à leur sauveur, à leur père, par l'organe du sénateur Marcellus major.*

Lorsque les Grecs furent devenus tributaires des Romains, les habitans d'Abydos ont pu se réclamer d'un sénateur romain, leur patron, pour présenter au peuple romain l'hommage de leur reconnaissance et de leur dévouement ; ce sénateur pouvait être *Marcellus major,* dont les Grecs auront grécisé le nom en l'appelant ΜΑΡΚΕΛΛΟΣ ΜΑΙΟΡ. Il est d'ailleurs assez naturel que les habitans d'Abydos aient voulu consacrer chez eux, par un monument authentique, l'expression de leur fidélité envers les Romains.

En admettant cette version, on voit clairement l'époque et l'objet de l'inscription dont elle serait la traduction.

## N.º VI.

Pierre sépulcrale, en marbre de Paros :

ΜΟΣΚΕ ΜΟΣΧΟΥΧΑΙΡΕ.

*Salut Moschus, fils de Moschus.*

Tombeau de Moschus.

Tombeau de Demetrius.

Pl. 8.
N.º IX.
Lenoir del.
Guyot Sculp
Pierre Sepulchrale.

Telle est la traduction de cette inscription érigée
en l'honneur de Moschus, poète célèbre, mort en
Sicile 285 ans avant notre ère. On remarque dans
sa main un manuscrit de ses ouvrages, et dans le
fond du tableau une écritoire.

## N.º VII.

Autre pierre sépulcrale, en marbre de Paros,
qui couvrait vraisemblablement un Démétrius.
Voici l'inscription :

$$\Delta \ H \ M \ H \ T \ P \ I \ O \ \Sigma$$
$$\Delta \ H \ M \ H \ T \ P \ I \ O \ \Upsilon$$
$$\Sigma \ \Phi \ H \ T \ T \ I \ O \ \Sigma.$$

*Démétrius, fils de Démétrius du peuple de Sphette.*
*( Sphette était un peuple de la tribu acamantide. )*

## N.º VIII.

Autre pierre sépulcrale, en marbre de Paros,
érigée à Berthenus, menuisier en lit ; les instrumens
de son état sont sculptés en relief.

L'inscription dont elle est chargée est si usée,
qu'il a été impossible de la copier.

## N.º IX.

Autre pierre sépulcrale, ornée d'un bas-relief.
Il est présumable que cette pierre couvrait deux

époux. On y remarque un guerrier debout, ayant près de lui son casque et son bouclier, et tenant de la main droite une espèce de patère dans laquelle une femme, aussi debout, vêtue de deux tuniques, lui verse à boire d'un vase qu'elle tient de la main droite, tandis que de l'autre main elle semble se découvrir le visage de son voile.

## N.º X.

### MARBRES D'ATHÈNES.

Non seulement les anciens Grecs ont bâti des temples et des chapelles sépulcrales pour y déposer les restes de leurs parens et de leurs amis; mais encore les chemins [1] étaient couverts de monumens chargés d'inscriptions honorables qui attestaient aux voyageurs leur reconnaissance en faveur du mérite et de la vertu. *Passant, va dire à Sparte que nous sommes morts ici pour obéir à ses saintes lois.* Telle est l'inscription placée sur le tombeau commun des Lacédémoniens qui

---

[1] La plupart des Grecs avaient leur sépulture hors des villes. On remarque dans les auteurs plusieurs exemples qui en font foi, et qui regardent les Athéniens, les Corinthiens et les Sicyoniens. Les Athéniens étaient fort religieux observateurs de cette loi. ( *Montfaucon*, Antiq. Iᵉʳᵉ partie, tome IX. )

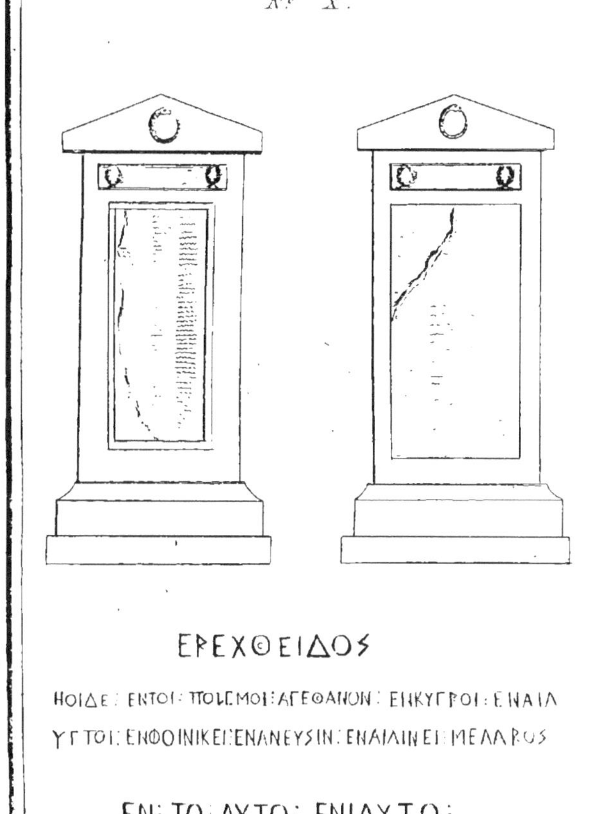




Marbres d'Athenes.

furent tués aux Thermopyles.[1] Après une bataille,
on négligeait rarement d'élever un monument à
la mémoire des citoyens que la guerre avait mois-
sonnés, et ce souvenir bien juste était l'aiguillon
de la gloire; leurs noms étaient inscrits sur des
tables de marbre, sur des pyramides ou des colonnes; et c'est ainsi que ce peuple reconnaissant
faisait passer à la postérité la plus reculée les traits
éclatans de leurs victoires, et les noms précieux
de ceux dont le sang avait coulé pour la chose publique; et l'oraison funèbre des défunts se prononçait publiquement, comme le dit formellement
Périclès, au commencement de celle qu'il pro-
nonça en l'honneur des Athéniens morts à la guerre
pour leur patrie.[2]

Les marbres dont je parle portent le caractère
de la reconnaissance publique envers des citoyens
de la tribu érecthéide, qui périrent dans les diffé-

---

[1] Après les combats, on relevait les corps morts que
l'on entassait les uns sur les autres, et on leur érigeait
un tombeau commun.

[2] On prononçait des oraisons funèbres, non seulement en l'honneur des hommes, mais encore pour les
femmes célèbres. Platon parle de cette coutume, qui
passa ensuite chez les Romains. *J'ai pris plaisir,* ( dit
Cicéron ) *aussi bien que tous les auditeurs, de vous
entendre faire l'éloge de Papilla, votre mère. Je crois
que c'est la première femme à qui on a fait un pareil
honneur dans cette ville.*

rentes expéditions qui eurent lieu dans l'île de Cypre, en Egypte, en Phénicie, dans l'île d'Egine et chez les Haliens, ainsi que l'atteste le titre qui est parfaitement conservé. Ces monumens dont le trait historique est constaté dans les fastes de l'histoire, ainsi que l'on va en juger d'après une traduction d'un passage de Thucydide contemporain, sont de la plus haute importance, et datent du temps de Cimon l'athénien [1], 450 ans avant notre

---

[1] « Cimon, général des Athéniens, fils de *Miltiade*, marcha sur les traces de son père. Ce grand homme étant mort chargé d'une amende, *Cimon* fut emprisonné pour l'acquitter, et ne recouvra sa liberté qu'en cédant *Elphinie* sa sœur, et en même temps sa femme à *Callias*, qui satisfit pour lui au fisc public. Bientôt après *Cimon* trouva des occasions fréquentes de se signaler dans les combats. Les Athéniens ayant armé contre les Perses, il enleva à ces derniers leurs plus fortes places et leurs meilleurs alliés en Asie. Il défit le même jour les armées persannes par terre et par mer; et, sans perdre de temps, il vola au-devant de quatre-vingts vaisseaux phéniciens qui venaient joindre la flotte des Perses de la Chersonnèse, les prit tous, et tailla en pièces la plus grande partie des troupes qui les montaient. Il mit en mer une flotte de deux cents vaisseaux, passa en Cypre, attaqua *Artabase*, se rendit maître d'un grand nombre de vaisseaux, et poursuivit le reste de sa flotte jusqu'en Phénicie. En revenant, il atteignit *Mégabize*, autre général d'*Artaxerxe*, lui livra combat et le défit. Ces succès contrai-

ère. Ils ont été érigés à ces héros la même année
de leur mort, par Mégare.

Non seulement je donne la gravure des monumens tels que je les ai fait ajuster d'après mes
dessins, mais encore j'ai cru devoir joindre à ce

---

gnirent le roi de Perse à signer ce traité si célèbre,
qui procura une paix glorieuse pour les Athéniens et
leurs alliés. Quand il fallut partager les prisonniers
faits dans ses victoires, on s'en rapporta au général
vainqueur : il mit d'un côté les prisonniers tout nus,
et de l'autre leurs colliers d'or, leurs bracelets, leurs
armes, leurs habits, etc. Les alliés prirent les dépouilles, croyant avoir fait le meilleur choix; et les
Athéniens gardèrent les hommes, qu'ils vendirent
chèrement aux vaincus. *Cimon* parut aussi grand dans
la paix que dans la guerre. Il rendit beaucoup de ces
citoyens heureux par ses libéralités. Ses jardins et ses
vergers furent ouverts au peuple ; sa maison devint
l'asile de l'indigent. L'orateur *Gorgias* disait de lui :
*Qu'il amassait des richesses pour s'en servir, et qu'il
s'en servait pour se faire aimer et estimer.* Malgré ses
vertus morales, il n'égalait point *Thémistocle* dans la
science du gouvernement. Son crédit fut ébranlé par
ses absences fréquentes, par les vérités dures qu'il
disait au peuple ; et après avoir servi sa patrie, il eut
la douleur d'en être banni par l'ostracisme. On le rap-
pela ensuite, on le nomma général de la flotte des
Grecs alliés. Il porta la guerre en Égypte : il reprit son
ancien projet de s'emparer de l'île de Cypre; mais il
ne put l'exécuter, étant mort à son arrivée dans cette
île, à la tête de son armée, l'an 449 avant notre ère. »

travail la gravure de leur titre en caractère ionique, tel qu'il est figuré sur le monument. Voici la traduction de ce qui est rapporté dans Montfaucon: *PALÆOGRAPHIA GRÆCA , lib. II, cap. IV , page 132.*

« On n'a encore rien trouvé de plus ancien en marbres que les deux inscriptions athéniennes, écrites en caractères ioniques anciens, qui ont été découverts à Athènes, par M. Galland , sous la protection de M. le Marquis de Nointel, ambassadeur à Constantinople. Ces inscriptions, après avoir été remises entre les mains de M. Thevenot, ci-devant garde de la bibliothèque du roi, furent transportées après sa mort dans le cabinet du savant et célèbre Charles-César Baudelot, d'où, avec sa permission, nous avons extrait ce que nous publions. Certainement, avant de parler de ces nobles inscriptions, il ne déplaira point au lecteur que nous lui apprenions par quel hasard elles ont été découvertes à Athènes, d'après le récit de M. Galland, savant antiquaire, qui, sur sa demande, m'a écrit la lettre suivante :

« Le 20 novembre 1674, accompagné de monsieur Girauld, lyonnais, marié à Athènes, où il avait été consul, nous nous rendîmes à l'église dite du Crucifix. Cette église n'est pas enceinte de murs, mais soutenue de tous côtés par des colonnes, ce qui la rend très-éclairée. Une femme, qui avait cou-

tume de nous conduire dans la recherche que nous
faisions des monumens, nous montrait, entre les
pierres et les marbres dont l'église était pavée,
l'une des inscriptions que M. Nointel, ambassadeur
de France à Constantinople, a fait transporter à
Paris; mais, le soleil étant près de se coucher, nous
remîmes notre examen au lendemain. Il n'était effectivement pas possible de la lire, en ce que la super-
ficie gâtée par la boue cachait aux curieux la forme
des lettres. Cette femme promit de la nettoyer, et
le jour suivant étant retournés, et après avoir lu
ce qui restait, nous nous apperçûmes qu'elle était
mutilée et que le titre manquait. Cela excita nos
recherches: nous regardâmes de tous côtés, et nous
en découvrîmes une autre parmi les pièces du pavé,
savoir, celle qui contient les noms des particuliers
de la tribu érecthéide qui périrent dans différens
combats. »

Ces inscriptions marquent l'époque du temps:
elles ont toutes deux été érigées au temps de la
guerre du Péloponèse. La première a été placée
aussitôt après la mort de Cimon, capitaine célèbre
des Athéniens, environ 450 ans avant notre ère.
Les voici telles qu'elles sont figurées sur les monumens.

PREMIER MARBRE.

# ΕΡΕΧΘΕΙΔΟΣ

ΗΟΙΔΕ : ΕΝΤΟΙ : ΠΟΛΕΜΟΙ : ΑΠΕΘΑΝΟΝ : ΕΝ ΚΥΠΡΟΙ : ΕΝ ΑΙΓ
ΥΠΡΟΙ : ΕΝ ΦΟΙΝΙΚΕΙ : ΕΝ ΑΛΙΕΥΣΙΝ : ΕΝ ΑΙΓΙΝΕΙ : ΜΕΓΑΡΟΣ
ΕΝ ΤΟ ΑΥΤΟ ΕΝΙΑΥΤΟ.

| | | |
|---|---|---|
| ..ΤΕΓΟΝ | ΦΑΝΥΛΛΟΣ | ΑΚΡΥΠΤΟΣ |
| Φ..ΧΟΣ | ΧΙ..ΝΙΟΣ | ΤΙΜΟΚΡΑΤΕΣ |
| Π..ΑΛΕΟΝ | Ε..ΕΙΤΟΝ | ΑΡΚΕΛΑΣ |
| ..ΥΣΤΡΑΤΟΣ | Γ..ΚΙΠΠΟΣ | ΕΥΘΥΚΡΑΤΕΣ |
| ΑΚΟΝΤΙΔΕΣ | ΛΥΣΙΚΑΕΣ | ΠΑΤΡΟΚΛΕΙΔΕΣ |
| ..ΜΟΣΤΡΑΤΟΣ | ΚΕΛΕΥΣΟΣ | ΑΛΚΜΕΟΝΙΔΕΣ |
| ..ΜΕΑΣ.. | ΕΥΘΥΔΕΜΟΣ | ΓΛΑΥΚΟΝ |
| ..ΛΕΙΔΕΣ | ΔΙΝΑΙΟΣ | ΔΕΜΟΝΙΚΟΣ· |
| ..ΡΑΤΕΣ | ΟΙΛΙΝΟΣ | ΑΝΑΧΣΙΔΟΡΟΣ |
| ..ΡΕΔΕΜΟΣ | ΚΑΛΛΙΚΛΕΣ | ΓΛΑΥΚΟΝ |
| ..ΕΣΙΑΣ | ΝΑΥΣΙΚΛΕΣ | ΠΡΟΚΛΕΣ |
| ..ΣΑΝΔΡΟΣ | ..ΜΕΣΙΘΕΟΣ | ΑΝΤΙΘΟΝ |
| ..ΡΟΦ.. | ..ΝΕΣΙΓΕΝΕΣ | ΑΝΑΧΣΙΛΑΣ |
| ΑΠΟΛΛΟΔΟΡΟΣ | ΠΟΛΥΚΛΕΣ | ΑΡΧΕΠΟΛΙΣ |
| ΑΡΙΣΤΟΤΕΛΕΣ | ΑΛΕΧΣΙΑΣ | ΚΑΛΛΕΑΣ |
| ΚΟΤΙΑΣ | ΑΜΥΔΡΙΙΠΟΣ | ΘΑΛΛΙΑΡΧΟΣ |
| ..ΙΑΛΟΣ | ΑΠΟΛΛΟΔΟΡΟΣ | ΦΙΛΟΝΙΧΟΣ |
| ..ΕΧΑΝΙΟΝ | ΓΟΡΓΙΑΣ | ΕΥΚΛΕΙΔΕΣ |
| ..ΛΙΣΤΙΔΕΣ | Ν..ΘΑΡΧΟΣ | ΔΙΟΔΟΡΟΣ |
| ΤΙΜΟΓΕΝΕΣ | ΠΑΡΜΟΝΙΔΕΣ | ΝΙΚΑΡΧΟΣ |
| ΑΡΙΣΑΝΔΡΟΣ | ΕΑΚΟΝ | ΕΠΙΤΕΛΕΣ |
| ΜΕΝΕΚΛΕΣ | ΠΙΘΟΝ | ΚΥΒΟΝ |
| ΜΕΛΑΝΟΡΟΣ | ΛΥΣΙΑΣ | Χ..ΙΡΙΑΣ |
| ΚΛΕΟΜΒΡΟΤΟΣ | ΣΟΣΤΡΑΤΟΣ | ΔΕΜΕΤΡΙΟΣ |
| ΑΡΙΣΤΟΚΛΕΙΔΕΣ | ΦΙΛΙΝΟΣ | ΑΡΚΕΣΙΛΑΣ |
| ΘΟΚΥΔΙΔΕΣ | ΦΙΛΑΙΘΟΣ | ΕΥΘΟΙΝΟΣ |
| ΕΥΘΥΔΕΜΟΣ | ΦΙΛΕΤΑΙΡΟΣ | ΔΕΜΕΤΡΙΟΣ |
| ΚΑΛΛΙΚΡΑΤΕΣ | ΣΟΤΕΛΕΣ | ΓΟΡΓΟΝ |
| ..ΣΕΦΕΣ | ΑΥΣΙΑΣ | ΣΤΡΑΤΟΝ |
| ΑΡΙΣΤΕΙΔΕΣ | ΑΡΙΣΤΟΤΕΝΕΣ | ΑΡΙΣΤΟΦΑΝΕΣ |
| ΙΣΟΔΕΜΟΣ | ΦΙΛΙΝΟΣ | ΓΛΑΥΚΟΝ |

| | | |
|---|---|---|
| ΚΕΦΙΣΟΔΤΟΣ | ΔΙΟΤΙΜΟΣ | ΦΥΣ..ΙΔΕΣ |
| ..ΟΙΛΟΣ | ΚΑΛΛΟΔΕΣ | ΗΑΓΑΘΟΔΕΜΟΣ |
| ..ΤΙΜΕΝΕΣ | ΚΑΛΛΙΧΣΕΝΟΣ | ΔΙΟΚΛΕΣ |
| ..ΠΑΙΝΕΤΟΣ | ΔΕΙΝΙΑΣ | ΦΑΝΟΣΤΡΑΤΟΣ |
| ..ΡΓΑΙΟΣ | ΣΜΙΚΥΘΟΣ | ΕΥΜΕΝΙΟΣ |
| ΔΙΟΓΕΝΕΣ | ΤΙΜΟΔΕΜΟΣ | ΘΕΟΔΟΡΟΣ |
| ΟΡΤΝΟΣ | ΛΥΣΙΣ | ..ΥΛΕΟΣ |
| ..ΤΕΣΙΑΔΕΣ | ΑΚΕΣΙΑΣ | ..ΑΟΝ |
| ..ΟΡΟΙ..ΟΣ | ΕΠΙΧΑΡΕΣ | ..ΙΧΑΡΕΣ |
| ..ΡΑΤΥΛΟΣ | ΗΙΕΡΟΝΙΜΟΣ | ..ΔΟΧΣΟΣ |
| ..ΥΝΦΕΡΜΙΟΣ | ΑΝΑΧΣΙΛΑΣ | ΠΟΛΤΤΕΛΟΣ |
| ΝΙΚΙΑΣ | ΧΑΙΡΙΑΣ | ΓΛΑΥΚΙΑΣ |
| ΑΤΣΙΚΛΕΙΔΕΣ | ΗΕΡΑΚΛΕΙΔΕΣ | ΕΠΙΓΕΝΕΣ |
| ..ΟΥΡΑΡΧΟΣ | ΑΓΑΣΙΚΛΕΣ | ΑΝΤΙΧΑΡΕΣ |
| ΧΑ..ΑΝΔΡΟΣ | ΛΚΑΣ | ΦΙΛΙΣΤΙΔΕΣ |
| ..ΙΑΡΑΤΟΣ | ΚΕΦΙΣΟΔΟΤΟΣ | ΑΜΦΙΚΛΕΙΔΕΣ |
| ..ΟΣ | ΚΑΛΛΙΚΛΕΣ | ΦΡΟΥΡΟΣ |
| ..ΟΙΛΟΣ | ΚΕΦΙΣΟΔΟΡΟΣ | ΤΙΤΟΝ |
| ΣΟΣΙΑΣ | ΝΟΜΕΝΙΟΣ | ΕΥΛΙΟΣ |
| ΑΡΧΙ..ΟΣ | ΧΣΕΝΟΦΓΛΟΣ | ΣΜΙΚΡΟΣ |
| ΚΑΛΛΙΑΣ | ΗΑΓΝΟΝ | ΝΕΑΙΟΣ |
| ΜΝΕΣΙΜΕΝΕΣ | ΠΟΛΥΧΣΕΝΟΣ | ΕΡΓΟΤΕΣ |
| ΣΙΚΟΝ | ΕΡΧΣΙΜΕΝΕΣ | ΦΟΚΙΟΝ |
| ΑΜΥΙ..ΕΔΕΣ | ΝΙΚΟΝ | ΑΚΑ..Θ.. |
| ΧΣΕΝΥΛΛΟΣ | | |

## ΣΤΡΑΤΕΓΟΣ : ΕΝ ΑΙΓΥΠΤΟΙ

| | |
|---|---|
| ΗΙΠΠΟΔΑΜΑΣ | ΤΕΛΕΝΙΚΟΣ |
| ΕΝΘΥΜΑΧΟΣ | ΜΑΝΤΙΣ |
| ΕΥΜΑΛΟΣ | |
| ΑΝΔΡΟΣΟΤΕΝΕΣ | |
| ΤΟΧΣΟΤΑΙ : ΦΡΙΝΟΣ | |
| ΤΑΥΡΟΣ | |
| ΘΕΟΔΟΡΟΣ | |
| ΑΛΕΧΣΙΜΑΧΟΣ | |

## DEUXIÈME MARBRE.

| | | |
|---|---|---|
| . . . . . . . . . . . | . . . . . . . . . . . | . . . . . . . . . . . |
| ΛΥΚΙΝΟΣ | . . . . . . . . . . . | . . . . . . . . . . . |
| ΑΡΧΙΑΣ | ΚΑ.. | . . . . . . . . . . . |
| ΦΟΚΙΟΝ ΤΡΙΕ | ΠΥΟ.. | . . . . . . . . . . . |
| ΦΟΚΥΔΙΔΕΣ | ΝΙΚΟ.. | . . . . . . . . . . . |
| ΑΝΔΡΟΝ | ΝΙΚΟ.. | . . . . . . . . . . . |
| ΘΕΟΔΟΤΟΣ | ΚΤΕΣ.. | . . . . . . . . . . . |
| ΛΥΣΙΜΑΧΙΔΕΣ | ΑΥΧ.. | . . . . . . . . . . . |
| ΠΥΡΡΑΝΔΡΟΣ | ΑΤΕΙΜΑΧΟΣ | . . . . . . . . . . . |
| ΒΛΕΠΥΡΟΣ | ΦΙΛΟ | . . . . . . . . . . . |
| ΤΙΜΟΔΕΜΟΣ | ΠΙΝΔΑΡΟΣ | . . . . . . . . . . . |
| ΧΑΡΙΑΔΕΣ | ΧΑΡΙΔΕΜΟΣ | . . . . . . . . . . . |
| ΑΥΣΙΣ | ΣΟΚΡΑΤΙΔΕΣ | . . . . . . . . . . . |
| ΚΑΛΛΙΠΠΟΣ | ΑΡΙΣΤΟΚΡΑΤΕΣ | . . . . . . . . . . . |
| ΕΡΕΤΡΙΕΥΣ | ΔΙΟΦΑΝΕΣ | . . . . . . . . . . . |
| ΑΝΤΙΜΑΧΟΣ | ΜΕΝΕΚΛΕΣ | . . . . . . . . . . . |
| ΚΕΦΙΣΟΔΟΤΟΣ | ΑΡΙΣΤΑΡΧΟΣ | Χ.. |
| ΑΝΤΙΚΛΕΙΔΕΣ | ΣΟΣΙΠΠΟΣ | Ν.. |
| ΕΥΦΡΑΝΟΡΙΔΕΣ | ΑΙΣΧΥΛΙΔΕΣ | ΟΝ.. |
| ΠΟΣΕΙΔΙΠΠΟΣ | ΕΦΙΑΛΤΕΣ | ΔΕΜΟ.. |
| ΕΠΙΔΕΘΕΣ | ΑΛΚΑΜΕΝΕΣ | ΑΝΑΧΣ.. |
| ΜΝΕΣΙΚΡΑΤΕΣ | ΦΙΛΕΑΣ | ΦΙΛΟΝ.. |
| ΜΙΜΝΟΝ | ΠΑΥΣΑΝΙΑΣ | ..ΣΤΙΑ.. |
| ΘΕΟΓΕΝΕΣ | . . . . . . . . . . . | ΜΕΝ..ΟΣ |
| ΑΘΕΝΟΔΟΡΟΣ | . . . . . . . . . . . | ΛΕΟΝΤΙΔΟΣ |
| ΑΜΦΙΑΝΑΧΣ | . . . . . . . . . . . | ΑΡΙΣΤΕΙΔΕΣ |
| ΣΟΣΤΡΑΤΟΣ | . . . . . . . . . . . | ΠΑΡ..ΒΑΤΕΣ |
| ΕΥΦΑΝΕΣ | ΚΑΛΛΙΤΑΛΕΣ | ΦΥΣΙ..ΟΣΔΙΟΚΛ.. |
| ΑΡΧΙΚΛΕΣ | ΝΕ..ΕΙΔΕΣ | ΑΡΧΕΔΑΜΑΣ |
| ΦΑΝΟΚΛΕΙΔΕΣ | ΠΑΝΘΑΡΟΣ | ΛΥΣΙΣΤΡΑΤΟΣ |
| ΕΥΕΡΛΙΔΕΣ | ΕΣΙ..ΧΟΣ | ΠΟΛΥΚΡΑΤΕΣ |
| ΑΡΙΣΤΟΝΥΜΟΣ | ΦΙΛΙΠΠΟΣ | ΝΙΚΟΚΛΕΣ |
| ΚΕΦΙΣΟΔΟΡΟΣ | ΤΙΜΟΚΡΑΤΕΣ | ΑΚΑΜΑΝΤΙΔΟΣ |
| ΘΕΟΦΑΝΕΣ | ΘΕΟΚΡΙΤΟΣ | ΟΛΥΝΠΙΑΡΑΤΟΣ |
| ΟΦΣΙΑΔΕΣ | ΜΝΕΣΙΚΡΑΤΕΣ | ΑΥΤΟΜΑΘΕΣ |
| ΝΙΚΙΑΔΕΣ | ΠΕΡΙΚΛΕΣ | ΛΕΟΝΙΔΕΣ |
| ΚΑΛΛΙΤΕΛΕΣ | ΑΝΤΙΔΟΤΟΣ | ΔΕΜΕΤΡΙΟΣ |
| ΣΑΤΥΡΟΣ | ΘΕΟΦΑΝΕΣ | ΡΙΝΟΝ |
| ΑΡΙΣΤΥΛΛΟΣ | ΘΕΟΓΝΕΤΟΣ | ΑΛΕΧΣΙΠΠΟΣ |

| | | |
|---|---|---|
| ΕΡΓΟΤΙΜΟΣ | ΛΥΣΙΜΑΧΟΣ | ΑΡΧΙΛΣ |
| ΕΥΦΙΛΕΤΟΣ | ΑΡΙΣΤΟΚΛΕΣ | ΧΑΙΡΕΦΟΝ |
| ΕΠΙΔΡΟΜΟΣ | ΑΔΕΙΜΑΝΤΟΣ | ΟΙΝΕΙΔΟΣ |
| ΛΥΚΕΑΣΤΡΙΕ | ΦΙΛΟΔΕΜΟΣ | ΔΙΟΚΛΕΙΔΕΣ |
| ΤΛΕΣΟΝΙΔΕΣ | ΧΣΕΝΟΧΑΡΕΣ | ΑΜΕΙΝΟΚΡΑΤΕΣ |
| ΑΡΙΣΤΑΡΧΟΣ | ΠΑΥΣΑΝΙΑΣ | ΤΙΜΟΘΕΟΣ |
| ΕΥΦΡΑΝΟΡ | ΧΑΡΙΝΟΣ | ΚΕΚΡΟΠΙΔΟΣ |
| ΑΥΤΟΚΡΑΤΕΣ | ΚΑΛΛΙΦΟΝ | ΤΕΔΕΣΕΓΟΡΟΣ |
| ΑΡΙΣΤΟΜΕΔΕΣ | ΝΙΚΙΑΣ | ΣΑΤΥΡΟΣ |
| ΛΥΣΙΦΑΝΕΣ | ΚΑΛΛΙΑΣ | ΔΙΕΙΤΡΕΦΕΣ |
| ΚΑΛΛΙΦΟΝ | ΦΙΛΕΑΣ | ΛΕΟΧΑΡΕΣ |
| ΑΝΤΙΚΛΕΣ | ΑΝΤΙΧΑΡΕΣ | ΔΟΡΟΘΕΟΣ |
| ΚΑΛΛΙΑΣ | ΕΥΘΟΙΝΟΣ | ΑΡΧΙΑΣ |
| ΕΥΠΟΛΙΣ | ΧΑΙΡΕΣΤΡΑΤΟΣ | ΠΡΟΜΑΧΟΣ |
| ΑΝΤΙΦΑΝΤΟΣ | ΔΙΦΙΛΟΣ | ΗΙΠΠΟΘΟΝΤΙΔΟΣ |
| ΓΟΡΓΟΣ | ΑΡΙΣΤΑΡΧΟΣ | ΠΥΘΟΔΟΡΟΣΦΥΔΑΡΧ |
| ΣΟΤΙΜΟΣ | ΗΑΓΝΟΝ | ΦΑΝΟΚΔΕΣ |
| ΑΡΙΣΤΟΚΛΕΣ | ΣΜΥΚΥΘΟΣ | ΦΙΛΟΝ |
| ΑΠΟΛΛΟΔΟΡΟΣ | ΧΤΕΣΙΦΟΝ | ΔΕΙΝΙΑΣ |
| ΕΥΘΥΚΛΕΙΔΕΣ | ΕΠΙΔΥΣΑΜΕΝΟΣ | ΣΠΕΥΣΟΝ |
| ΑΡΧΕΣΤΡΑΤΟΣ | ΧΛΛ..ΟΝ | ΑΝΤΙΑΣ |
| ΑΜΕΝΙΤΟΣ | ΧΑΙΡΕΣΤΡΑΤΟΣ | ΣΙΛΑΝΟΣ |
| ΗΙΠΠΟΝ | ΜΝΕΣΙΚΛΕΣ | ΑΙΣΙΜΙΔΕΣ |
| ΠΥΘΟΔΟΡΟΣ | ............ | ΣΟΣΙΜΑΧΟΣ |
| ΗΑΓΝΟΣΤΡΑΤΟΣ | ............ | ΠΡΟΜΑΧΟΣ |
| ..ΜΑΣΟΣ | ............ | ............ |
| ............ | ............ | ............ |
| ............ | ............ | ............ |
| ............ | ............ | ............ |
| ............ | ............ | ............ |
| ............ | ............ | ............ |
| ............ | ............ | ............ |
| ............ | ............ | ............ |
| ............ | ............ | ............ |

Montfaucon reprend ainsi :

*Erechteïdis*
*Hi in bello mortui sunt in Cypro, in Ægypto,*
*In Phœnice, in Haliensibus, in Æginœ. Magarus*
*Eodem ipso anno. (posuit.)*
*Dux        Phanyllus        Acryptus.*

*Tria autem postrema nomina, initia sunt totidem columnarum, ubi longa serie inscribuntur defuncti : marmor siquidem est quinque pedum regiorum longitudine : latitudine vero unius circiter ac dimidii, etc....*

Les trois derniers noms sont à la tête d'autant de colonnes où sont inscrits dans une longue suite les noms des morts. Le marbre est long de cinq pieds de roi, et large de dix-huit pouces. Et il ne reste pas le moindre doute sur le temps où fut placée l'inscription; car Thucydide, peu après le milieu du premier livre, rapporte en bref toutes les choses; savoir, la guerre en Cypre par Cimon, qui y périt de maladie; l'expédition des Athéniens en Égypte pour porter des secours d'abord à Inare, roi de Lydie; ensuite à Amyrthée; le combat chez les Halliens où les Athéniens furent vaincus par les Corinthiens; la bataille navale contre les Eginètes, dans laquelle ces derniers furent vaincus par les Athéniens. Thucydide, dis-je, qui était du nombre des capitaines athéniens rapporte ces détails. [1]

---

[1] *Thucydide*, historien grec, fils d'*Olorus*, roi de Thrace, né à Athènes, l'an 475 avant notre ère. L'his-

## N.º XI.

Autre pierre sépulcrale d'un pied de large sur huit pouces de haut, chargée d'une inscription à moitié mutilée.

Pour plus de renseignemens sur ces marbres

***

toire ne nous a rien transmis sur *Thucydide*, et ce n'est que par lui-même que l'on sait qu'il était fils d'Olorus, et petit-fils de Miltiade. *Thucydide*, après s'être formé dans les exercices militaires qui convenaient à un jeune homme de sa naissance, eut de l'emploi dans les troupes, et fit quelques campagnes qui lui acquirent un nom. A l'âge de 47 ans, il fut chargé de conduire et d'établir à Thurinus une nouvelle colonie d'Athéniens. La guerre du Péloponèse s'étant allumée peu de temps après dans la Grèce, y excita de grands mouvemens et de grands troubles. *Thucydide*, qui prévoyait qu'elle serait de longue durée, forma dès-lors le dessein d'en écrire l'histoire. Comme il servait dans les troupes d'Athènes, il fut lui-même témoin oculaire de ce qui se passa dans l'armée des Athéniens, jusqu'à la huitième année de cette guerre, c'est-à-dire jusqu'au temps de son exil. *Thucydide* avait été commandé pour aller au secours d'Amphipolis, place forte des Athéniens sur les frontières de la Thrace, et ayant été prévenu par *Brasias*, général des Lacédémoniens, ce triste hasard lui mérita cet injuste châtiment. Exilé de son pays par la faction de *Cléon*, il ne put oublier sa patrie qu'il avait si courageusement défendue. C'est pendant cet exil qu'il composa son *Histoire de la guerre du Péloponèse*, entre les républiques d'Athènes et de Sparte. Après avoir été rappelé à Athènes, il y mourut l'an 411.

antiques, consultez mon ouvrage *in-folio,* première partie.

L'étude de l'antique est d'une nécessité absolue pour les jeunes gens qui veulent suivre la carrière des arts ; c'est dans l'antique qu'ils prendront de la correction dans le dessin, qu'ils trouveront des formes soutenues sans rudesse, et des expressions parlantes à l'ame. « La sculpture, la peinture, la poésie, l'architecture et la musique, n'ont eu le nom de *beaux-arts,* que parce que leur objet est d'embellir toutes leurs imitations, c'est-à-dire, de recueillir et de rassembler dans un petit espace les traits de beauté que la nature a dispersés dans son immense tableau. »

La révolution qui s'est opérée depuis dix ans dans les arts dépendans du dessin a été rapide et brillante. L'immortel Vien, né sans doute pour rappeler la peinture et la sculpture à ses vrais principes, a su ramener ses élèves aux pieds de l'antique et de Raphaël. Parmi ces élèves, David a mis, avec ce zèle que donne le vrai talent, la perfection au grand ouvrage que lui avait tracé son maître ; et, l'antique retiré par ses soins de l'oubli et de l'avilissement dans lequel il avait été plongé pendant plus d'un siècle par des préjugés scolastiques, a enfin repris la prépondérance. Dès ce moment, les idées se sont simplifiées, agrandies, et tout s'est perfectionné dans les arts et les manufactures ;

le commerce même en a reçu d'heureuses influen-
ces; et déjà les dessins de nos étoffes et de nos
meubles se modèlent sur les ornemens grecs. [1]
Combien de ressources le gouvernement n'a-t-il
pas ouvertes à l'étude? Trois Musées nouveaux
ont été établis dans cette ville, et tous trois ont été
revêtus d'un caractère bien distinct. [2] L'instruction
publique a établi dans les départemens des écoles
centrales, dans lesquelles l'enseignement du dessin

---

[1] Ce que j'avance est plus que prouvé, si l'on veut
comparer les tableaux exposés au dernier concours
avec ceux qui se composaient il y a dix ans. Le juge-
ment porté par le jury sur ces ouvrages intéressans et
remarquables, et les couronnes qu'il a accordées, sont
un témoignage de sa justice et du progrès des arts.

*Je le dis encore, les larmes aux yeux : Drouais,
digne élève de ton maître! tu as le premier montré
dans les concours l'art perfectionné : et ta Cananéenne,
que l'on se plaisait à contempler au Musée des Arts,
devait-elle s'éloigner du centre de l'étude, et de la
ville habitée par ton maître, et sur-tout par ta mère?*

[2] *Musée d'Antiquités,* ( rue de la Loi. ) Ce Musée,
qui renferme les inscriptions antiques, les vases de fabriques étrusques et les médailles, ne peut que prendre
une forme heureuse pour les sciences, sous la direction des citoyens Barthelemy et Millin, qui a produit
plusieurs ouvrages intéressans sur cette matière.

*Musée central des Arts,* ( au Louvre. ) Les artistes
ont voulu désigner, par l'épithète de *central* qu'ils ont
donnée à ce Musée, celui qui doit renfermer les plus

a dû se confier à des maîtres capables de diriger cette étude vers le bon style et la perfection dans les formes. Dans le palais des arts, *( le Louvre )* elle a ouvert à la jeunesse une salle ornée de plusieurs archétypes pris sur l'antique même; là, des élèves assidus, confiés à des professeurs habiles, apprennent à connaître les premiers élémens du vrai et du beau.

## N.º XII.

### DU JARDIN DE RICHELIEU.

. Archétype [1] d'une statue antique grecque, de grandeur naturelle, en marbre blanc de Paros, représentant Bacchus, tenant de la main droite son thyrse, et de l'autre une grappe de raisin : sa couronne de lierre est d'une délicatesse et d'un travail recherché.

Cette figure, maintenant au Musée central des arts, a beaucoup souffert des restaurations anciennes et modernes; les bras et la jambe gauche sont entièrement de restauration.

---

beaux morceaux que l'art a produits ; et par conséquent ce Musée sera le centre et le foyer de l'étude. Aussi cette administration a-t-elle accumulé les richesses immenses en tableaux des trois écoles, en statues antiques, vases, etc. et en dessins précieux des grands maîtres.

[1] Épreuve prise sur l'original, qui est au Musée central au Louvre.

Nº. XII.
Δ
ΙΑΥΡΛΕΙΤΗΝΘΕΟΔΟΤΟΥΓΥΝΑΙΚΑΔΕΤΟΥ ΠΡΩΤΟ
ΩΝ ΛΙΑΒΙΟΥ ΤΩΝCΕΒΒΚΑΙΚΑΙCΑΡΩΝΚΑΙ ΚΑΒΑΡΝΟΥ
CΥΑCΕΝ ΚΑΙΑΝΕΝΕΩCΑΤΟ ΑΠΟΠΟΛΥΕΤΟΥCΧΡΟΝΟΥ ΓΕΙ
ΠΑΙΡΙC ΑΝΤΙΠΟΛΛΩΝΚΑΩΕΓΛΩΝ ΤΕΜΗΝΛΑΜΒΑΝΟ
ΗCΕΝ ΑΥΤΗΝΕΝΑΝΑΡΙΛΝ ΤΩΑΜΛΡΙΝΩΤΗΝΦΙΛΟCΟ
ΑΙΦΙΛΟΠΑΙΡΙΝ
ΑΚΟΙΤΙΝ
CΕΝ
Nº. XI.

Bacchus.

Si l'on examine l'ensemble de cette statue, on retrouve cette sagesse divine que les statuaires grecs savaient si bien imprimer au marbre. La tête est posée avec élégance sur un col bien proportionné, qu'une poitrine héroïque reçoit avec à-plomb. Le balancement doux de ses contours et de ses membres offre une telle harmonie, que l'on croit à son aspect entendre l'accord parfait d'une lyre. La jeunesse de Bacchus, sa grace, sa gaieté naïve, tout y est exprimé avec cette douceur profonde qui pénètre et échauffe peu-à-peu ; sa bouche entr'ouverte est calme, et l'ardeur de l'amour colore ses lèvres.

D'après les naturalistes qui ont le mieux examiné les marbres de la Grèce sur lesquels s'exerçaient les sculpteurs de ces contrées heureuses, il paraît certain que leurs marbres blancs n'étaient point veinés, et que ceux qu'ils avaient particulièrement affectionnés se tiraient de l'île de Paros et du mont Pentélicien, dans l'Attique. Le premier est remarquable par sa blancheur laiteuse et transparente, qui le rapproche du coloris de la chair ; il est dur, et reçoit par sa solidité toutes les finesses de l'art ; au travail il s'en dégage une odeur de soufre qui le fait aisément reconnaître. Le second est d'un blanc plus gris, et d'un grain plus gros, et par conséquent moins facile à sculpter. Tous deux sont formés de petits cristaux rhomboïdaux spathiques, qui, unis, semblent être des grains d'un sel blanchâtre, et, en raison de leur cristallisation, ont une saine transparence. On tiroit aussi des environs de Lesbos des marbres qui ressemblaient beaucoup à celui de Paros.

*N. B.* Ceux qui voudront se procurer des plâtres de cette statue et de différens bas-reliefs précieux, pourront s'adresser au citoyen Lenoir, conservateur de ce Musée, qui en a fait faire les creux avec soin. Ces plâtres seront revêtus d'un cachet ; et le citoyen Lenoir prévient que tous les modèles qui ne porteront point ce caractère, accompagné de sa signature, seront contrefaits.

## N.º XIII.

### DU MÊME LIEU.

Archétipe d'une statue antique, de marbre de Paros, représentant Méléagre.

Les relations de l'antiquité sur Méléagre sont très-incomplètes ; la fin tragique de sa vie est ce qu'elle nous a laissé de plus remarquable. Pausanias prétend que Phrynicus [1], disciple de Thespis, fut le premier qui mit au jour la fable du fatal tison qu'Althée avait reçu des Parques, et qu'elle jeta au feu pour consumer les jours de son fils.

---

[1] Phrynicus, grec, poète tragique, vivait vers l'an 512 avant notre ère. Il fut le premier qui introduisit des femmes sur le théâtre.

Méléagre.

« Méléagre , dit le poète , ne put éviter la mort; sa cruelle mère mit le feu au tison fatal ; et du même feu son malheurux fils se sentit consumer. »

Le rapprochement de la fable à des faits historiques qui se trouvent dans la vie de Méléagre, le voyage en Colchide, qu'il fit dans sa jeunesse, pour la conquête de la Toison-d'Or, son alliance avec Jason, Thésée, Castor et Pollux, qu'on lui donne pour compagnons, tant en Colchide qu'à la chasse du sanglier de Calydon [1], jettent beaucoup d'obscurité sur ce personnage, et l'on pourrait croire que Méléagre n'est qu'un être imaginaire, devenu célèbre par les poètes qui l'ont chanté. Chez les anciens peuples, les poètes furent les pontifes et les chantres des religions, et les allégories qu'ils employèrent dans ces poèmes plurent généralement ; les choses les plus simples se personnifièrent ainsi , et devinrent des êtres mystiques auxquels on a fait jouer un rôle; et par la suite des temps l'origine de ces allégories s'étant effacée, on a pris pour une réalité ce qui n'était que le fruit d'une imagination poétique. [2]

---

[1] Calydon, ancienne ville d'Étolie , sur le fleuve Archéloüs ( aujourd'hui *Aspropotamo.* ) Les *Curètes* habitaient l'ancienne ville de Pleurone, sur le fleuve *Evenus,* ( aujourd'hui *Fidari* ) dans la même contrée.

[2] Nous avons de ces exemples dans nos légendes

Ainsi Méléagre, considéré comme un des plus signalés compagnons de Jason dans cette expédition [1]; et Jason, à son tour compagnon signalé de

---

chrétiennes; par exemple, sainte Marguerite, *(Margarita)* sainte Geneviève, *( Janua nova )* ne sont que des *choses* personnifiées et divinisées, ainsi que *saint Voulst.*

Il y avait à Paris, dans le temple dit Saint-Sépulchre, rue Saint - Denis, trois tableaux immenses peints à l'huile, et divisés par compartimens. Ces tableaux représentaient les principaux sujets de la prétendue vie de saint Voulst, en grande vénération dans ce temple ; on y remarquait ses voyages en Espagne, et les miracles qu'il faisait sur les routes, son embarquement, etc. J'observai au prêtre qui me faisait voir ces tableaux, que son saint Voulst était peu connu, et qu'il me paraissait apocryphe ; aussi, me dit-il, fait-il des miracles : c'est tout ce que j'en ai pu tirer. Après avoir bien examiné ces peintures, et réfléchi sur leurs sujets, je m'apperçus que saint Voulst finit, malgré ses miracles, par être crucifié comme Christ ; que Voulst était un composé de *vultus,* face, et que le prétendu saint Voulst était la sainte face que l'on avait personnifiée, et à laquelle on avait fait jouer le rôle d'un être vivant.

On aurait pu conserver ces tableaux malgré la médiocrité de leur exécution ; mais ils ont été transportés à l'hôtel de Nesle, et vendus avec d'autres objets de curiosité provenans de ce Musée.

[1] ( Argonautiques, chant Ier, poème d'Apollonius. ) On vit aussi paraître deux autres fils de Neptune ,

Méléagre, dans la fameuse chasse du sanglier qui
ravageait Calydon, sanglier qui paraît être le même
que le sanglier d'Érymanthe poursuivi par Hercule, le héros principal d'un poème solaire, me paraissent tellement liés sous tous les rapports, qu'il
serait difficile de ne pas s'appercevoir que ce sont les
mêmes personnages, placés par des poètes dans
des situations différentes. Ces poètes placent également Thésée, Castor et Pollux, dans le vaisseau
Argo, et poursuivant avec Méléagre et Jason le
sanglier de Calydon.

« Tiphys venait de périr de la mort d'un sanglier.
On se rappellera que Tiphys est le pilote du vaisseau
Argo, appelé dans d'autres fables *Canopus*, qui
périt de la morsure d'un serpent ou du scorpion,
c'est-à-dire du signe avec lequel se lève le *sanglier
d'Érimanthe*, dans la fable d'Hercule. Ainsi le
serpent et le sanglier d'Érimanthe, deux parana-
tellons de la Balance et du Scorpion, tuent le pilote
du vaisseau Argo, connu sous le double nom de
*Tiphys* et de *Canopus*. »

---

Erginus et le fier Ancé, tous deux également habiles
à combattre et à faire manœuvrer un vaisseau ; ils
furent suivis du célèbre Méléagre, fils d'Énée et de
Laocoon son oncle. On comptait Méléagre pour un
des premiers après Hercule, pour le courage et la
force héroïque. Là, étaient aussi Iphiclus, fils de
Thestius, du sang de Vulcain.

D'après ces rapprochemens, on découvre aisément les motifs qui ont fait ériger à Méléagre un grand nombre de statues, puisqu'il rentre, par le caractère que les poètes lui ont donné, dans la classe d'Apollon, Castor et Pollux, Hercule, Thésée, Jason, etc., tous personnages allégoriques, placés dans le ciel, et qui n'est lui-même devenu célèbre que par les allégories dont il a été revêtu par les poètes, les légistes et les pontifes des anciens peuples.

Je crois mon observation d'autant mieux fondée, que la plus grande partie des statues antiques de Méléagre portent le caractère du beau idéal, caractère que les anciens n'accordaient jamais qu'aux divinités, et si remarquable dans l'Apollon du Belvédère; c'est cette beauté dans les formes et cette perfection inimitable dans les contours, appliquées aux statues représentant des divinités, qui ont fait prendre souvent les figures de Méléagre pour celle du favori d'Hadrien, *Antinoüs,* et principalement celle du Belvédère. Son expression est celle de la tendresse; l'amour tranquille est dans son ame; tel on peint Apollon et Bacchus aux approches du printemps: les graces folâtrent autour de ce beau corps alimenté d'ambroisie, dont les formes souples et régulières représentent la nature parée de ses trésors, et régénérée par l'harmonie universelle que le printemps répand sur tous les êtres. Un souffle léger donne du mouvement à ses poumons laiteux, et les palpitations réitérées de l'abdomen s'apperçoivent à travers le marbre; enfin, plus on fixe cette statue, plus l'illusion est complète. Cette erreur a été victorieusement combattue par Winckelmann.

Si les anciens ont donné à leurs statues de Méléagre les formes du beau idéal qui convenait aux divinités du pemier ordre, tels qu'Apollon, Bacchus, etc, il paraîtrait certain qu'ils y attachaient la même *idée ;* car ces artistes inimitables ont eu le soin de conserver dans leurs formes le degré de distinction qu'ils attribuaient au personnage qu'ils représentaient. La seule inspection de l'Apollon frappe, et il est impossible de ne pas le reconnaître pour un dieu; cette statue porte un caractère si puissant, qu'elle semble ordonner aux mortels qui osent l'approcher de fléchir les genoux. Ce caractère *sur-humain* a été savamment ménagé par les statuaires grecs; on remarque même une sorte de dignité et de virginité dans la partie sexuelle qu'ils avaient généralement le soin de ne point couvrir. La statue de Chabrias, vulgairement connue pour être un *gladiateur,* n'offre aux regards éclairés que l'aspect d'un homme parfaitement organisé et bien saisi dans toutes ses proportions: on l'admire, mais il n'étonne pas. Les Athéniens lui érigèrent cette statue pour avoir soutenu, seul avec les siens, le choc d'un combat contre Agésilas, général des Lacédémoniens. [1]

La statue dont je parle représente Méléagre, se disposant à partir pour la chasse ; elle est de marbre pentelicien ; elle offre de grandes perfections dans le développement de ses contours et dans la composition morale du sujet. L'artiste a saisi avec beaucoup d'art la noble sévérité qui convenait à la situation de Méléagre ; son impatience éclate, et il brûle de délivrer sa patrie du sanglier destructeur, pour déposer sa dépouille aux pieds de son amante. Ce jeune homme, la flamme dans

---

[1] Chabrias, général athénien, célèbre par ses grandes actions, défit, dans un combat naval, Pollis, général lacédémonien. Envoyé au secours des Thébains, contre les Spartiates, et abandonné de ses alliés, il soutint seul, avec ses gens, le choc des ennemis. Il fit mettre ses soldats l'un contre l'autre, un genou en terre, couverts de leurs boucliers, et étendant en avant leurs piques ; *Chabrias à leur tête se mit en arrêt et en état de défense dans la posture de la statue connue sous la fausse dénomination de Gladiateur.*

Le courage que montra Chabrias, et l'attitude serrée de ses soldats, empêchèrent qu'ils ne fussent enfoncés : Agésilas, général des Lacédémoniens, quoique vainqueur, fut obligé de se retirer. Les Athéniens érigèrent à Chabrias une statue dans la posture où il avait combattu. Il périt au siége de Chio, l'an 355 avant notre ère.

Bacchanale (Bas-Relief)

le cœur, est représenté dans l'âge de la force, ses muscles sont nourris sans être grossiers; ses jambes, sveltes et semblables à celles de Diane, vont le porter en un instant dans le fond des forêts; ses yeux quoique ardens sont doux, et portent cette teinte de mélancolie que donne l'ardeur de l'amour; son cœur palpite, et sa bouche, rafraîchie par un souffle de Zéphire, brûle encore pour Atalante.

La jambe gauche de cette statue est d'un dessin peu soutenu, les pieds sont plats, et ne répondent point pour la forme et l'exécution aux parties supérieures.

## N.º XIV.

*Nota.* Les objets qui étaient décrits sous les numéros qui se trouvent supprimés, sont au Musée central des arts.

## N.º XXI.

Bas-relief antique, restauré, représentant Silène.

On reconnoîtra Silène à son énorme grosseur, à son corps couvert de poil. Son front chauve est couronné de lierre, son gros nez est retroussé, et il tient à la main une tasse que le cortége a le soin de lui remplir de vin.

## N.º XXII.

Autre bas-relief antique, représentant une fête en l'honneur de Bacchus.

Les fêtes en l'honneur de Bacchus avaient deux époques fixes dans leurs célébrations. La première, qui se donnait à l'équinoxe du printemps sous le nom de fête *Itiphallique*, date de la plus haute antiquité. Le but proposé par cette fête était d'honorer le principe actif de la génération universelle, de la force féconde, et d'obtenir sa bienveillance en faveur des récoltes.[1] Pendant tout le temps consacré à cette fête, un nombre de jeunes vierges, l'image de la nature renouvelée et parée par la fécondité du dieu Bacchus, vainqueur de l'hiver, promenaient dans les villes un Phallus colossal, orné de couronnes et des fleurs les plus fraîches. Des jeunes hommes marchaient en cadence devant le cortége, au son des instrumens et d'une musique harmonieuse ; souvent même, mus par un saint enthousiasme, ils allaient en bondissant se frappant la tête contre des Phallus dont on multipliait les images, et que l'on appendait à des branches de pins plantés çà et là sur la route. Ces fêtes se terminaient ordinairement par des initiations secrètes.[2] La seconde, instituée à l'époque

---

[1] Nos processions, qui se faisaient naguères dans les champs, sous le nom de *Rogations*, étaient les mêmes, puisque ces processions avaient pour but d'obtenir des moissons abondantes.

[2] Il nous est resté de ces fêtes un usage dont on a long-temps ignoré l'origine ; c'est celui de planter un

des vendanges, avait un caractère moins religieux,
et la joie que donne au peuple une récolte abondante de fruits, s'exprimait par des hurlemens et
les cris répétés de *Evan, Eve*[1], et par des mouvemens furibonds. L'image de Bacchus était portée
en triomphe; les Bacchans et les Ménades, armés
de thyrses et de torches allumées, dansaient et cou-
raient par les chemins comme des furies. Saisis
d'enthousiasme par le dieu Bacchus, ils faisaient
des cabrioles, des sauts et des bonds au son des
cymbales, des sistres et des soufflets, instrumens
qu'ils attachaient à leurs pieds; ( comme on le voit
dans le bas - relief ) se déguisant le visage et le
corps[2], ils se roulaient dans cet état sur des outres

---

arbre, et de présenter aux jeunes filles un bouquet à
l'époque où la nature se renouvelle, ce qui se pratique
ordinairement dans nos contrées le premier jour de
mai ; aussi cet usage se nomme-t-il le *mai*, présenter
le *mai* à une jeune fille, planter le *mai*, etc.

[1] La femme céleste ou constellation, qui paraît dans
le ciel à l'époque où l'on cueille les fruits. On voit dans
un coin du bas-relief le serpent d'Eve, ce qui caracté-
rise parfaitement une fête d'automne. Ce serpent est
placé dans une *ciste* ou *corbeille sacrée*, ainsi qu'il
était d'usage dans les mystères de Bacchus et dans
ceux des *Ophites*, secte chrétienne, qui révéraient le
serpent de Bacchus, dont j'aurai occasion de parler à
l'article Gaulois.

[2] Les Bacchantes et Bacchans, pour se déguiser,
commencèrent par se couvrir les joues du sang des vic-

remplies de vin, dont ils savouroient le jus; c'est alors qu'ils se livraient, hommes et femmes, à toutes sortes de mouvemens lubriques, et à tous les excès que produit l'ivresse. Dans les mystères qui suivaient ces orgies, on sacrifiait un porc à Cérès, et un bouc, l'ennemi de la vigne, à Bacchus. Silène, porté sur un âne [1], terminait ordinairement le cortége; sa présence, disent les anciens auteurs, annonçait l'heure du repos, *Silen* ou *Silvain*, *salut, repos.*

## N.º XXIII.

### DE L'ACADÉMIE DES BELLES-LETTRES.

Un bas-relief antique romain, représentant une

---

times que l'on sacrifiait à la divinité; ensuite ils préférèrent le jus de mûres, du raisin, ou la lie de vin; ( *enfin nos femmes se servent de rouge.* ) Ils se drapaient aussi avec les peaux des victimes, boucs, chèvres, tigres, etc., et, par suite, des hommes s'introduisirent dans ces peaux, et marchaient à quatre pattes à la cérémonie, ayant sur le visage des masques hideux faits d'écorce d'arbre , en imitant toutefois l'animal qu'ils voulaient représenter. Notre carnaval est une suite de ces fêtes bacchiques.

[1] Cet animal, disent les anciens poètes, monté par des Satyres et des Silènes, compagnons de Bacchus, *dieu du jour*, avait effrayé et mis en fuite par le son de sa voix la troupe des géans, *ennemis de la lumière :* comme Bacchus, monté sur un lion , avait mis en pièces leur chef Rhétus.

N.° XXIII.

Bas-Relief antique.

N.° XXIV.

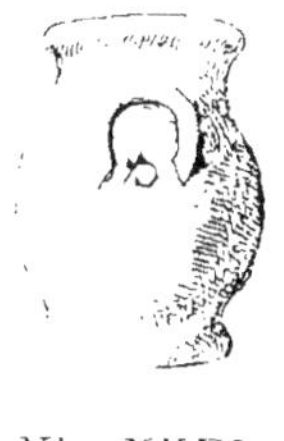

Leveur del

Guyet Sculp

Momubreh antique.

Pierres Sépulchrales antiques.

jeune fille tenant un enfant au maillot, qu'elle semble présenter à sa mère.

Ce bas-relief, qui offre les perfections de l'art, a été malheureusement mutilé.

## N.º XXXIV.

### DE PORT-ROYAL.

Un vase d'albâtre oriental de 2 pieds de haut sur 20 pouces de diamètre. Vers le milieu de sa panse, dont la forme est aplatie, il est garni de deux anses prises dans le même bloc.

Ce vase, d'une forme lourde, est un *hydrie* ou étalon à l'usage des Hébreux, ainsi que l'annoncent les caractères qui sont gravés au bas de chaque anse.

## N.º XXXV.

### DE SAINT-DENIS.

Un devant de tombeau grossièrement travaillé, en marbre salin blanc, représentant dans son milieu une croix posée sur un vase accompagné de deux tiges de froment, autour desquelles grimpent des branches de vigne. Les deux côtés sont simplement ornés de rinceaux.

Ce monument, qui remonte au Bas-Empire, est revêtu de l'inscription suivante, dont j'ai conservé la forme :

ЄRIS INORACIONIBUS MEMORSIS MEIS INjVSTV
ET DVM ORAVЄRIS *PRO* MЄ CORRIPETЄ

| | | |
|---|---|---|
| † | M | A |
| O | V | N |
| O | S | T |
| V | D | Є |
| I | O | V |
| L | V | A |
| Є | O | M |
| G | S | Є |
| I | Є | V |
| S | M | Є |
| V | A | N |
| Є | R | I |
| R | Є | A |
| A | V | T |
| O | F | T |
| B | D | Є |
| A | O | M |
| V | V | P |
| D | O | V |
| I | S | S |
| | | T |
| | | I |
| | | B |
| | | I |
| | | F |
| | | I |
| | | N |
| | | I |
| | | S |

## N.º XXXVI.

Un bas-relief allégorique en marbre, de quatre
pieds de large, sur deux pieds sept pouces de haut,
représentant l'empire du Temps sur le Monde. Un
grand vaisseau, voguant sur une vaste mer en plein
calme, forme le sujet principal du tableau. Sur l'une
des poupes de ce vaisseau est placée une figure

Lenoir del.

Guyot Sculp.

Bas-Relief allegorique.

humaine, dont les bras sont tendus à une voile
qui est poussée avec force par les vents, contre
lesquels elle lutte ; sur le milieu du vaisseau on
voit le Monde figuré par un globe, sur lequel sont
tracés le soleil, la lune, les mers, des villes, des
arbres et des plantes. Le Temps, peint sous la
figure d'un vieillard décrépit, porte uue barbe
longue; il est posé debout sur le globe, et se soutient avec deux béquilles. D'une main il tient un
sablier, et de l'autre il dirige la voile à laquelle cette
figure paraît comme suspendue. Sur l'autre proue,
on voit un squelette ailé, tenant d'une main une
faulx et un arc en repos, tandis que du bras droit
il menace celui que le Temps semble préserver
encore de la destruction.

Cette allégorie paraît avoir pour objet de montrer aux hommes que le Temps est le maître qui
gouverne toutes choses.

## N.º XXXVII.

Ce bas-relief, du premier style grec, servait probablement de pierre sépulcrale, et semble avoir
été exécuté en l'honneur d'un poète. On voit la
poésie touchant sa lyre, et recevant dans une patère
le nectar que lui verse Hébé, représentée ailée à la
manière des Etrusques, qui donnoient des ailes à
toutes leurs divinités.

# MONUMENS

## FRANÇAIS.

# MONUMENS FRANÇAIS.

L ES monumens français, dont je vais entreprendre la description, composent la partie principale de mon ouvrage, et si j'ai introduit dans mon livre des monumens antiques [1], c'est qu'ils tiennent essentiellement à l'histoire des arts, même relativement à la France. Winckelmann nous a tracé avec la puissance de son génie la marche que nous avions à suivre. On lit avec fruit, dans son Histoire de l'Art, la chronologie des peuples anciens en commençant par les Égyptiens pour passer aux Grecs en suivant les progrès des arts, et arriver aux Romains par le même système. C'est à ces peuples célèbres que nous devons les notions que nous avons des arts ; et les monumens de l'ancienne Gaule que je vais décrire en sont une preuve incontestable, puisque leur exécution porte le vrai style romain tant dans le dessin que dans

[1] Les monumens antiques qui composent la première partie de cet ouvrage ont été retirés de la destruction par mes soins ; ils font encore partie de ce Musée, et les amateurs retrouveront par suite, dans la *salle d'introduction* de mon établissement, une grande partie des archétypes de ces morceaux précieux que j'ai fait lever, à mes frais, avant de les envoyer à leurs musées respectifs.

les formes, et que l'on y distingue parfaitement les mêmes principes dans le travail : les contours sont cernés autour des figures pour les détacher de leur fond, comme on le voit dans les camées et les bas-reliefs antiques.

La religion est ce qui frappe le plus un peuple voyageur, et c'est communément la première chose qu'il emprunte de ceux avec lesquels il habite. Si l'on suit d'un œil observateur les fréquentes colonisations que les Gaulois firent chez les Grecs et chez les Romains, on ne sera plus étonné de retrouver sur les monumens qu'ils nous ont laissés les traits caractéristiques de l'ancienne théogonie qu'ils adoptèrent et qu'ils lièrent par suite à leurs coutumes ; ce mélange a mis de la confusion dans les idées, et a rendu très-obscures pour nous les formules qu'ils observaient dans leurs cérémonies religieuses.

C'est par une suite de ces idées premières que nous retrouvons dans les costumes des Gaulois des rapprochemens très-sensibles avec ceux des Grecs et des Romains. On y voit la *tunique* et la *toge* portées à-peu-près de la même manière, et l'on est disposé à croire que les innovations qui ont eu lieu dans leurs costumes, par suite des voyages qu'ils firent tant en Asie qu'en Italie, se sont introduites par les jeunes gens et par les femmes, que le goût de la nouveauté porte naturellement à imiter les costumes et les usages qui flattent leurs sens, ou qui frappent leurs regards pour la première fois.

D'après toutes ces considérations, nous ne serons plus surpris de retrouver si communément sur les monumens gaulois les divinités des anciens Grecs, tels que *Jupiter, Vulcain, Mars, Mercure, Vénus, Cérès, Diane, Mercure,* etc., tous adorés sous les mêmes formes, avec les mêmes attributions ; et l'on sait que ces peuples n'abandonnèrent leurs dieux que vers l'an 240 de notre ère[1], pour adopter le *christianisme*, qui lui-même n'est qu'une suite dégénérée de ces religions antiques.

L'origine des anciens Gaulois remonte vers la plus haute antiquité. Ces peuples, que plusieurs auteurs s'accordent à faire descendre du nord, se fixèrent d'abord dans plusieurs contrées de l'Europe, et bientôt après se répandirent sur toute la surface du globe.

Selon Tite-Live, les Gaulois qui occupaient les environs de Toulouse, et le pays qui est entre les Cevennes et les Pyrénées, resserrés dans leurs terres par une nombreuse population, partirent au nombre de trente mille hommes pour faire la conquête du Levant, ayant Brennus à leur tête. Pendant que ce général pillait le temple de Delphes et ravageait

---

[1] Sous l'empire de Déce.

toute la Grèce, vingt mille hommes de ses troupes, commandés par Léonorix, passèrent dans la Thrace. Ils soumirent tout le pays jusqu'à Bysance, et vinrent camper aux bords de l'Hellespont. Peu de temps après, ce général députa un ambassadeur à Antipater, qui commandait en Asie pour la Grèce. Après une entrevue qui eut lieu entre les deux chefs, Léonorix retourna à Bysance. Léonorix, poursuivant ses succès, ne tarda guère à entrer avec ses troupes dans la Bithynie, de concert dans cette entreprise avec Nicomède, qui à son tour se servit des troupes gauloises pour combattre Zipœtes, qui occupait une partie de ses états.

Les Gaulois jetèrent la terreur par toute l'Asie ; et malgré les pertes prodigieuses qu'ils avaient faites en Grèce, réduits à environ dix mille hommes, tout cédait à leur courage, et ce pays fut entièrement soumis par eux. Divisés en trois bandes, ils partagèrent ainsi leurs conquêtes ; les uns s'arrêtèrent sur les bords de l'Hellespont, les autres se fixèrent en Eolide et en Ionie, et les plus valeureux, connus sous le nom de *Tectosages,* pénétrèrent jusqu'au fleuve Halys, qui baigne les confins d'Angora, connue depuis sous le nom d'Ancyre. Pline dit formellement qu'Ancyre a été bâtie par les Gaulois Tectosages.

On lit aussi dans Strabon, que les Gaulois divisèrent leurs conquêtes en Asie, en quatre parties ;

qu'ils y établirent dans chacune un roi et des officiers de justice et de guerre; et qu'ils ne négligèrent
point de rendre la justice, et de sacrifier au milieu
des forêts de chênes suivant leur ancienne coutume.

Leur population s'étant prodigieusement augmentée, et la terre, malgré des récoltes abondantes, ne pouvant suffire aux besoins d'un peuple
devenu trop considérable, la jeunesse s'étant ras-
semblée se détermina à quitter l'Asie; elle se mit
en marche, et s'avança peu-à-peu vers nos contrées.
Ces jeunes Gaulois, formant une colonie considérable, se fixèrent dans ce pays admirable, où la
nature, parée de ses trésors, semble appeler les
habitans de la terre, pour les réunir sous une tem-
pérature douce, et leur procurer les jouissances
d'un printemps perpétuellement actif. Ce pays fut
appelé depuis *Gaules*, et pour me servir de l'expression de D. Martin, *ver sacrum*, printemps
sacré. [1]

Cette jeune colonie à chevelure blonde, dit
Tite-Live, conserva long-temps la forme du gou-

---

[1] L'air de la Gaule ( selon Strabon ) est sain et
tempéré, ses terres fertiles; on y remarque d'agréables
coteaux entrecoupés par des vallées immenses. Selon
Pomponius Méla, *la Gaule* est riche en froment et en
foin; ses grandes forêts servent à l'embellir et à en
rendre le séjour plus délicieux.

vernement qu'elle apporta de l'Asie, et qu'elle tenait de ses pères. La liberté étoit le dieu tutélaire des Gaulois; et ce sentiment qu'ils recevaient de la nature, fortifié par l'éducation, les rendit terribles. Divisés par cantons selon leur coutume, ils maintenaient parmi eux cette égalité de justice que l'homme naturel porte dans son cœur; ils se réunissaient pour défendre ceux que des voisins ambitieux voulaient opprimer. Leurs chefs, divisés en postes fixes et amovibles, étaient choisis entre eux et par eux : cette forme de gouvernement leur rendit toute espèce de domination insupportable; et ils portaient l'amour de la liberté jusqu'à vouloir amener les nations étrangères aux pieds de ses autels. Cette noble avidité de la gloire leur a souvent mis les armes à la main. Ils allaient au combat en chantant, et couronnés de fleurs; ils jetaient l'épouvante dans les camps ennemis par des hurlemens qu'ils poussaient au loin.

Simples comme la nature, les Gaulois dédaignaient, dans les combats, les ruses et les finesses de guerre : ces moyens de vaincre, disaient-ils, sont indignes d'un peuple courageux et libre. Ils campaient communément en rase campagne, le long des fleuves, des rivières, ou au pied des montagnes; et après avoir retranché une partie de leur armée, pour la conservation des bagages et des chariots, au premier signal de leur chef, ils partaient avec la rapidité de la foudre, pour fondre sur l'ennemi. « Aussi jamais nation ne fut plus martiale, jamais peuple ne porta plus loin l'intrépidité. Le mépris de la mort était naturel aux Gaulois; ils avaient toutes les qualités nécessaires pour vaincre toute la terre, et ils en seraient venus à bout s'ils eussent eu plus d'art et plus de discipline. »

Les armes que portaient ces peuples, devenus formidables, étaient l'arc, la flèche, le bouclier, l'épée et une lance plus ou moins longue, nommée *gaesum*, javelot; ils lançaient des chars dans les rangs de leurs ennemis, pour les rompre et s'ouvrir un passage, ce qu'ils exécutaient avec une prestesse inconcevable; souvent ils mêlaient leur infanterie à leur cavalerie, et portaient ainsi le trouble et la mort. [1] Pour être plus agiles, ils jetaient quelquefois le vêtement qui leur couvrait la moitié du corps, et combattaient nus. [2] « Le courage que fai-

---

[1] Selon Strabon, ils avaient la coutume barbare d'attacher les têtes de leurs ennemis au cou de leurs chevaux, et au-dessus des portes de leurs maisons; ils conservaient aussi embaumés les têtes des hommes illustres, pour les montrer aux étrangers.

[2] Tite-Live, *( Décad. 111, liv. 11. )* dit qu'à la bataille de Cannes, il y avait des Gaulois qui combattaient nus depuis le nombril jusques à la tête.

Quelques Gaulois Belges combattaient tout nus; même ils ne se dépouillaient ainsi qu'un jour de bataille, ( dit *Polybe, liv. 11, chap. VI.* )

saient paraître les Gaulois en allant au combat est au-dessus de l'homme, » ( dit Tite-Live. )

Après les combats, dans les forêts sacrées, *in luco consecrato*, sur de simples pierres brutes, dressées en forme d'autels, coulait le sang des hommes et des animaux égorgés par la main des Druides; ces prêtres avaient associé leurs épouses, sous le nom de Druidesses, aux cérémonies religieuses. L'occupation principale de ces femmes était de prophétiser, et de tirer des augures. Lorsqu'Alexandre Sévère partit pour une expédition de laquelle il ne revint point, une Druidesse, *druias*, cria en langue gauloise, ( dit Lampridius [1] ) : *Allez, n'espérez point la victoire, et ne vous fiez pas à vos soldats.* Les Druides seuls étaient dépositaires des mystères sacrés; ils n'écrivaient rien, et cachaient très-soigneusement aux étrangers et au peuple le fond de leur religion; ce qui fait que la religion des anciens Gaulois est peu connue. Les Druides, selon Cicéron, possédaient aussi l'art de la divination : « Il y a dans les Gaules, dit-il, des Druides, du nombre desquels était Divitiac, Æduen, avec lequel j'ai conversé autrefois,

---

[1] Ætius Lampridius, historien latin du quatrième siècle, avait composé, dans un style assez médiocre, la vie des empereurs, dont il ne nous reste que celles de Commode, de Diadumène, fils de Macrin, d'Héliogabale et d'alexandre Sévère.

qui se vantait de connoître les secrets de la nature, et qui prédisait l'avenir, soit par conjectures, soit par des augures. » Des chants et des danses précédaient et terminaient communément les sacrifices; et c'est ainsi que ce peuple, entièrement livré à l'obéissance de ses prêtres, rendait grace à la divinité du succès des armes.

Les Gaulois, après avoir été long-temps gouvernés par des chefs choisis parmi eux et par eux, par une force irrésistible de la puissance des choses, qui fait que ce qui a été n'est plus, et que ce qui est ne sera plus, tombèrent sous l'aristocratie de leurs prêtres. Les Druides, en possession d'un pouvoir absolu, firent, pour le conserver, jouer tous les ressorts d'une politique cruelle et intéressée. Retirés dans des forêts plantées seulement de chênes, c'est du fond des cavernes qu'ils y habitaient, qu'ils donnaient leurs lois, qu'ils faisaient la paix ou la guerre à leur gré, et qu'ils lançaient des arrêts de mort contre ceux qui pouvaient s'opposer à leurs desseins. *Ubi initium belli fieret explorabant, nocturnaque in locis desertis consilia habebant.* ( Commentaires de César. )

Cette secte redoutable s'était divisée en plusieurs bandes, qui toutes dépendaient d'un même chef. Les *Vacies* étaient chargés des sacrifices; ils expliquaient les oracles, et tiraient des augures conjointement avec leurs femmes, comme je l'ai prouvé plus haut. Lorsqu'ils étaient en fonctions, ils portaient une couronne de chêne, et se couvraient la tête d'un capuchon, qu'ils jetaient quelquefois en arrière. Les *Bardes* s'occupaient uniquement de poésie : pendant les cérémonies religieuses, ils chantaient des hymnes de leur composition, ou déclamaient les actions des héros, qu'ils avaient mises en vers. Les *Eubades*, considérés comme philosophes, se livraient à la méditation et à l'étude des sciences ; ils s'appliquaient plus particulièrement à la médecine et à l'histoire naturelle. Les *Saronides* étaient chargés de l'instruction publique; ils étaient excellens musiciens, bons astronomes, et se chargeaient de diriger les affaires de famille, de négocier les discussions particulières.

Les Druides portaient communément la barbe; ils étaient coiffés d'un bandeau qui leur ceignait le front; souvent ils portaient une couronne de chêne, comme on le voit sur les monumens gaulois trouvés à Dijon : on y retrouve des prêtres coiffés de cette manière, vêtus d'une tunique longue, recouverte d'un grand manteau qui s'ouvrait par-devant, ainsi que j'en ai donné la gravure dans mon ouvrage *in-folio*, ( page 62, n.° I. ) Tous les auteurs s'accordent sur la forme de ce vêtement, qu'ils disent être de lin fin, et d'une blancheur éblouissante. On voit sur le même monument un Druide ainsi vêtu, tenant d'une main un rouleau de papier ou *volumen*, et de l'autre un style; ce qui peint parfaitement les Saronides, dont j'ai parlé plus haut. Selon César, ils employaient les caractères grecs dans les affaires ordinaires. *In reliquis rebus publicis privatisque rationibus graecis litteris utantur.*

L'immortalité de l'ame formait la base principale de leurs dogmes: ils faisaient brûler les morts, et jetaient dans le bûcher les meubles auxquels les défunts avaient été le plus attachés pendant leur vie; souvent ils consumaient sur le même bûcher les animaux qu'ils chérissaient le plus, et célébraient avec beaucoup de pompe les funérailles des personnes distinguées. *(Caesar, de bello gallico, lib. vi.)*

Suivant Valère Maxime, les Gaulois se prêtaient facilement de l'argent entre eux, dans l'espérance qu'il leur serait rendu après la mort. C'est cette croyance qui fait que l'on voit communément sur les tombeaux des Gaulois des figures tenant une bourse à la main, et notamment sur ceux trouvés à Dijon. Des auteurs ont prétendu que ces reliefs représentaient des mariages; mais il paraît certain, d'après ce qu'avance Valère Maxime, que c'était leur manière de peindre l'immortalité de l'ame, la base de leur religion, comme les Grecs l'exprimaient par des allégories, qui peignaient la régénération de la nature à l'équinoxe de printemps. (Voyez dans mon ouvrage *in-folio* un bas-relief grec, que j'ai expliqué, page 44, n.º XXVI.)

Jules-César s'étant introduit dans les Gaules par les Alpes, s'en rendit maître après une guerre longue et désastreuse; les Gaulois fatigués par les combats, pressés par le besoin de la paix, reçurent les lois du vainqueur, qui poussa ses conquêtes jusque dans la Germanie. Ces peuples, en rentrant dans leurs foyers, trouvèrent dans l'agriculture les moyens de réparer les maux qui les accablaient depuis long-temps. Toujours amis de la liberté au milieu du malheur, ils repoussèrent de leur société toute idée de communauté dans les biens, et les propriétés furent respectées. Le guerrier devenu cultivateur entoura son champ, et, en pressant le soc de sa charrue, il vît naître de son travail une source inépuisable de trésors. A cet art paternel a succédé l'envie d'échanger la sur-abondance des denrées excédant la consommation, avec celles d'un voisin probe; et les commodités de la vie, nées des bienfaits de l'agriculture, ont donné naissance au commerce. Un travail assidu augmente l'industrie, et de l'industrie naissent le commerce et les arts : ainsi a commencé la civilisation d'un peuple immense et puissant.

L'homme, en tournant ses regards vers une terre riche et abondante, a attribué à un être sur-humain, qu'il a cru son bienfaiteur, ce qui était le fruit de son labeur et de son intelligence; de ce moment l'ingratitude lui parut un crime, et il se fit un devoir de rendre hommage à la divinité, qui tous les ans paraissait le combler de biens.

De simples pierres brutes furent élevées dans les forêts, par les anciens Gaulois, pour recevoir l'encens qu'ils offraient à leurs dieux; mais l'art, fécondé depuis par l'industrie et le commerce, chercha des traits, des saillies, où le génie, aidé de la mémoire, donna les formes raisonnées: des guirlandes, des couronnes de chêne furent sculptées sur les autels des Gaulois; et ces peuples, sauvages dans leur naissance, élevèrent aussi des monumens et des statues. ( Voyez les Monumens celtiques, page 109 de cet ouvrage. )

Depuis la conquête des Gaules par les Romains, une grande partie des dieux d'Athènes et de Rome prirent faveur, et furent honorés à la place des anciens dieux du pays. « Ils honorent par-dessus tout le dieu Mercure, ( dit Jules-César ) qu'ils regardent comme l'inventeur de tous les arts, le guide des voyageurs, et celui qui aide plus que tous les autres à amasser de l'argent, et à négocier heureusement. Après Mercure, ils rendent encore les honneurs divins à Apollon, à Mars, à Jupiter et à Minerve, dont ils ont presque la même opinion que les autres nations. Ils croient qu'Apollon chasse les maladies; que Minerve a donné le commencement aux manufactures et aux arts; que Jupiter a pour son partage l'empire du ciel; que Mars conduit la guerre : de là vient que, lorsqu'ils vont combattre, ils font vœu de lui offrir ce qu'ils pourront prendre, et après la victoire ils lui immolent des bestiaux pris aux ennemis. »

# MONUMENS CELTIQUES.

Aᴜᴛᴇʟs en pierre de Saint-Leu , érigés à
Jupiter, sous le règne de Tibère, dans le commencement de notre ère, par les Parisiens *commer-*
*çans par eau.* Ces monumens curieux, chargés
de bas-reliefs et d'inscriptions[1], au nombre de six ,
forment cinq autels, dont un seul complet est composé de deux parties que j'ai réunies. Ce fut dans
le courant du mois de mars 1711, qu'en fouillant
dans le chœur de Notre-Dame, pour y ériger
l'autel du fond, connu sous le nom de *Vœu de
Louis XIII,* l'on trouva ces monumens dont
je vais parler.

---

[1] Baudelot a publié, la même année de leur découverte, un mémoire sur ces monumens.

Félibien, dans son *Histoire de Paris,* tome I<sup>er</sup>, en
a donné une description savante. Voici ce qu'il dit ,
page 129 :

« Ces six pierres, enclavées dans le petit mur, sont
de la nature des pierres tendres de Saint-Leu. Certainement elles n'étaient pas là dans leur place. Elles
avaient servi de piédestal à quelque statue ou à quelqu'autel , ou autre monument, dressé du temps que
les Parisiens étaient encore idolâtres. »

Vers le milieu du chœur, lieu choisi pour construire une cave propre à inhumer les prélats de
cette cathédrale, on découvrit, à six pieds en terre,
ces pierres ornées de bas-reliefs et rangées de suite.
Elles servaient en partie de base à un mur qui portait environ trois pieds d'épaisseur. Piganiol prétend que l'église de Paris fut reconstruite sous Childebert Ier, à la place d'un temple dédié à Jupiter. [1]
J'ignore si les monumens trouvés dans les fouilles
ci-dessus citées ont servi d'autorité à Piganiol sur
l'existence de ce temple, qu'il dit avoir servi de
base à celui que nous voyons encore aujourd'hui;
mais il est au moins probable, d'après les débris
découverts en 1711, qu'il y a eu sur ce terrain
un monument public, érigé à un culte particulier; et tout le monde sait que Childebert publia,
en 554, un édit, par lequel il ordonnait la destruction des idoles, et la démolition de tous les temples
érigés au paganisme. Des auteurs prétendent qu'il
y avait près de ce temple un port, et l'on s'accorde
à dire que le lieu où étaient placées ces espèces
d'autels était planté d'arbres. On sait aussi que

---

[1] On croit que la construction de la cathédrale de
Paris ( Notre-Dame ) avait été commencée par Clovis Ier, et qu'elle fut achevée par Childebert, après
une expédition qu'il fit en Espagne. Cependant Fortunat, dans la description qu'il fait de ce temple, en
laisse toute la gloire à ce dernier, sans parler de Clovis.

c'était dans les bois que les Gaulois exerçaient leurs
cérémonies religieuses. Selon le témoignage de
Pline, ils y consacraient des arbres ou des autels,
et plus communément des autels, depuis leurs
guerres et leur commerce avec les Romains. Du
consentement de tous les auteurs anciens, ces peuples avaient à-peu-près les mêmes usages.

Ces monumens, parvenus jusqu'à nous, et
échappés par une espèce de phénomène au gothi-
cisme et à la superstition, ont par leur découverte
intéressé les savans, et excité plusieurs discussions
et plusieurs réfutations très-intéressantes de part
et d'autre. Les antiquaires qui ont publié des mémoires sur cette matière sont : Moreau de Mautour, Baudelot, Léibnitz et Montfaucon; Keisler
parut ensuite, réfuta plusieurs passages de différens mémoires, et donna la préférence à celui de
Baudelot.

Ces espèces d'autels sont au nombre de cinq,
et chargés de bas-reliefs et d'inscriptions celtiques,
confondues avec des terminaisons latines. Les caractères des lettres sont romains. L'une des inscriptions annonce que ces monumens ont été érigés par
des Gaulois, sous Tibère. Leur forme carrée ressemble assez à celle que les anciens donnaient à
leurs autels, consacrés ou par un usage de la religion du temps et du pays, ou par un motif de re-
connoissance de quelques particuliers.

## N.º 1.

### PREMIER AUTEL.

Il est chargé de trois bas-reliefs, et d'une inscription que voici :

TIB. CAESARE.
AVG. IOVI OPTVMO
MAXSVMO· (*Ara*) M
NAVTAE PARISIACI
PVBLICE POSIERVNT·

*Tibère César, ayant accepté ou pris le nom d'Auguste, les commis ou les officiers de la navigation du territoire de Paris* ( les Nautes ) *ont consacré publiquement cet autel, en action de graces, à Jupiter très-grand et très-bon.*

« Ce monument peut ainsi avoir été érigé sur la fin de la première année du règne de Tibère, lorsque dans les Gaules on eut appris qu'il s'était humanisé, et qu'il recevait enfin le nom d'Auguste, qu'il n'avait pas voulu qu'on lui décernât, comme on l'avait prévu, parce qu'il avait refusé les autres honneurs, dit Baudelot. »

*Nautae* se traduit ici par *Nautes,* ( négocians par eau ) parce que nous n'avons point dans notre langue de mot qui signifie précisément celui-là. Au

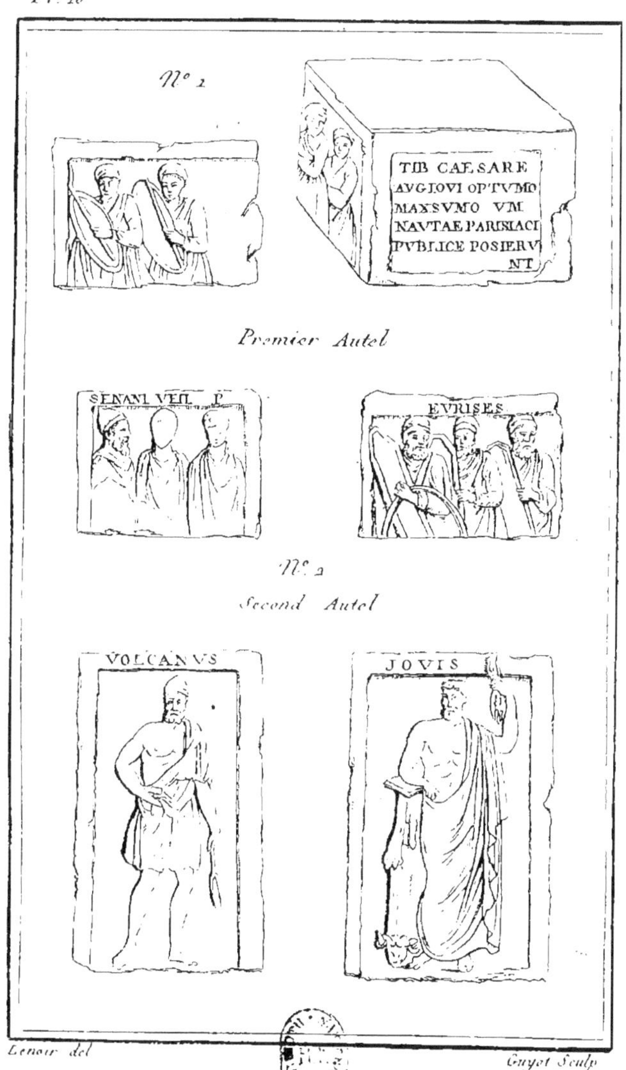





Monumens Celtiques.

reste, les *Nautes* étaient une société de riches négocians qui jouissaient de grands priviléges, et qui
étaient souvent honorés des charges municipales.
Ces commerçans, suivant Baudelot, faisaient voi-
turer sur la Seine des marchandises pour leur
compte autant que pour celui d'autrui. Il cite plusieurs inscriptions latines en faveur de ce qu'il
avance : il donne particulièrement une inscription,
prise sur une grande urne à Rome, qui annonce
qu'un Régulien, chevalier romain, patron de plusieurs communautés, et même des Sextumvirs à
Lyon, est appelé *Nauta Araricus*.

J'ai traduit *Parisiaci* par *Parisiens ;* car on
sait que César entendait par les *Parisii* tous les
originaires du pays dont Paris était dès ce temps la
capitale. Le mot *Parisiaci* est employé dans le
même sens, dans les chartres de Childebert, Grégoire de Tours, et dans les capitulaires de Charlemagne. « Il s'agit de savoir quels étaient ceux qui
ont érigé à Paris, sous l'empereur Tibère, un monument religieux, un autel au père, au souverain,
au plus grand des dieux, ( dit Félibien. ) Le seul
nom de Jupiter ne permet pas de penser que des
personnes viles aient osé lui dresser un autel considérable. Soixante provinces des Gaules ont con-
couru pour en ériger un à Auguste, dieu de nouvelle fabrique ; et l'on voudrait que de simples ba-
teliers eussent dressé un autel au grand Jupiter !

8

Il est vrai que les auteurs de cette érection se sont nommés *Nautae*; mais ils se sont fait représenter en même-temps, et dans toutes les figures retracées par leur ordre, outre les dieux et les demi-dieux, on ne voit que sacrificateurs ou sevirs; personnes portant les armes; cavaliers avec des casques et des cuirasses; dames honorablement vêtues. Ce sont là les *Nautae Parisiaci*, qui ont érigé l'autel à Jupiter. Les *Nautes* étaient donc une société de gens de différentes conditions : en considérant ce corps composé de plusieurs conditions, il est naturel de demander quel était le point qui réunissait tous ces états. C'était le ***commerce par eau***, la navigation entreprise pour entretenir l'abondance des vivres et les commodités de la vie. Sextius Regulianus, chevalier romain, et patron des *Nautes*, était *Nauta* lui-même, et marchand de vin et d'huile. Liberius Decimanus, honorable citoyen de Vienne, et *Nauta*, était marchand de vin. Barbius Theopompus, qui s'acquitte d'un vœu envers Orithye, était marchand; les *Scapharii* de Séville faisaient profession de marchandises. L. Besius, chevalier romain, faisait gloire d'être courtier des Gaules; et sa fidélité dans cette charge lui a mérité l'éloge de trois provinces, et un monument honorable. »

D'après toutes ces considérations, on ne sera plus étonné de trouver sur le monument dont je parle des bas-reliefs représentant Mercure, Bacchus, même Vénus; il paraît probable que ces négocians riches et civilisés ont dû rendre des honneurs aux divinités protectrices de leur commerce; et il était d'usage, lorsqu'on érigeait un autel à une divinité quelconque, de l'orner de bas-reliefs, et sur-tout lorsqu'on l'érigeait pour un objet particulier. Les autels contenaient très-souvent, ou le motif ou les aventures de ceux qui les érigeaient, ou ce qui concernait la mythologie et le culte du dieu à qui ils étaient consacrés. Le bas-relief placé sur la pierre dont je parle représente sans doute une cérémonie religieuse qui s'est faite à son érection par ceux qui l'ont dédié. On ne consacrait point sans cela de monument public de piété; chaque peuple avait ses usages différens.

Les Parisiens, ainsi que les autres peuples, étaient attachés à de certaines pratiques religieuses : ils en avaient sans doute une toute particulière dans cette occasion, ainsi que l'on peut s'en convaincre par le monument même.

Les figures que l'on remarque dans le bas-relief suivant, dont voici l'inscription qui est en partie mutilée : SENANI VEILO...... [1], ne parais-

---

[1] Heccart, dans sa dissertation sur ces monumens, prétend que c'est une **M**, qui manque au mot *Veilo*, et compose ainsi l'inscription : *Senani Veilom*, qu'il dit signifier *les navigateurs de la Seine, (Sequanicos*

sent aucunement avoir rapport à la mythologie ou à l'histoire de Jupiter. Il n'y a pas d'apparence qu'on ait voulu sculpter à l'aventure une action profane sur un autel consacré à un dieu. Ce ne peut être par conséquent qu'une cérémonie observée à la dédicace de l'autel.

Par l'attitude et la situation des figures, on assurerait qu'elles paraissent faire une espèce de procession à la mode, et suivant le rit du pays. C'était la coutume des Gaulois de se tourner du côté gauche dans les cérémonies religieuses. Si l'on examine l'autel dont je parle, on remarquera que toutes les figures des trois faces du bas-relief font voir une union de démarche entre elles, et une même allure ; c'est ce qui peut autoriser à assurer qu'elles étaient là dans une fonction religieuse. Dans un passage, Lucain s'exprime ainsi :

*Druides , dès qu'on aura mis les armes bas , vous reprendrez vos usages barbares et la coutume de vous tourner à gauche dans vos cérémonies religieuses.*

On remarque sur l'une des faces de l'autel plusieurs personnages sans armes, tandis que les autres

---

*Nautas )* ou ceux qui gouvernent les navires de la Seine ; et comme il voit les figures de ce bas-relief couronnées, sans armes et en habits de paix, il suppose que ce sont les fondateurs de l'autel, dans l'acte de sacrifier, que l'on a voulu représenter.

sont armés ; il est probable que ce sont des Druides que l'on a voulu représenter ; et en donnant au mot *Senani* sa véritable interprétation, vieillard, seigneur, respectable, sénateur, etc., il n'y a plus de doute sur son application, puisqu'il s'agit d'une cérémonie publique qui avait rapport à l'empereur ; et je ne doute point que ceux qui étaient regardés comme chefs de la religion n'y fussent admis. Strabon dit en propres termes, qu'ils ne font aucunes cérémonies religieuses sans Druides ; d'ailleurs, Diodore de Sicile, parlant des Gaulois, dit précisément qu'ils ne faisaient rien en matière de religion sans les y inviter, parce qu'ils ne croient pas pouvoir rendre graces aux dieux, ni leur demander des bienfaits, sans le ministère des prêtres.

*Veilo,* ou gui de chêne, accompagne *Senani,* et vient à l'appui de ce que je viens d'avancer. Les Druides n'avaient rien de plus sacré dans leur religion que le gui et le chêne qui le portait ; ils y avaient une telle confiance, qu'ils disaient qu'il renfermait en lui seul toutes les vertus de la médecine, ce qui lui avait fait donner un nom partilier, qui signifiait, *qui guérit de tous maux. Omnia sanantem appellantes suo vocabulo.* D'après ces rapprochemens, il n'y a plus de doute sur l'explication de ce bas-relief.

On remarque dans les habillemens de ceux-ci, différens de ceux des autres faces, la tunique dont parle le scoliaste de Juvénal. Les Gaulois se ser-vaient dans leurs cérémonies religieuses d'une tu-nique carrée, avec des bandes de pourpre qui vont en diminuant de part et d'autre, comme on le voit dans Isidore. Pline, qui en parle aussi, dit que le fond était blanc, chamarré de bandes de pourpre.

Voici l'inscription du second bas-relief : E V R I S E S. Dans le bas-relief suivant, on remarque les principaux de ceux qui consacrent le monument; tout y est caractérisé : les manières et les pratiques du pays, l'air, la barbe, l'habit et les armes. Diodore de Sicile et Strabon donnent aux Gaulois un aspect rude et un visage féroce. Le premier dit, que les uns se rasent la barbe, et que d'autres la gardent ; que les nobles d'entre eux, ou les gens distingués, se rasent légèrement les joues, mais se laissent venir les moustaches pendantes.

L'habillement répond encore à ce qu'on lit dans Strabon : ils portaient, dit-il, des vêtemens fendus et à manches, qui descendaient jusque vers les genoux ; c'est ce que plusieurs auteurs ont nommé *sagum*, car le *sagum* était propre aux Celtes. Suétone oppose le *sagum* à la *toge*. Notre ancien mot *sayon* tire sa racine de *sagum*.

La pique qu'on leur voit tenir est une arme qui leur était propre. Diodore de Sicile dit qu'ils les appelaient lances.

Le bouclier, tel qu'on le voit sur le bas-relief, était aussi particulier aux Gaulois. Polybe et Tite-Live conviennent que le bouclier gaulois était plus long que large : Pausanias, dans un passage, les désigne par un mot grec, qui veut dire de *grandeur humaine* : il dit encore *que les Gaulois voulant passer le Sperchius*, fleuve de Thessalie, *ils se servirent chacun des boucliers de leur pays, appelés thures, en guise de pontons*. Ces boucliers, dit le même auteur, étaient historiés suivant les manières des peuples, et portaient souvent les marques différentes de leur bravoure. Ceux-ci, n'ayant rien de particulier, autorisent à croire que ceux qui les portaient n'exerçaient aucune fonction militaire.

La coutume des Gaulois était de ne rien faire en public qu'armés ; aussi Strabon dit à ce sujet : *Les Celtes sont armés dans toutes les affaires publiques de la ville ; ils n'entrent pas même autrement dans le temple.*

Quant au cercle que le premier des trois hommes tient à la main, Baudelot dit : « Que ce ne peut être qu'une couronne, et une couronne de métal précieux ; ce que l'on aurait mieux éclairci, si l'on avait l'autre moitié du bas-relief. C'était une des manières de marquer sa reconnaissance aux dieux et aux hommes chez presque tous les peuples : or le dessein de ceux-ci était sans doute d'aller porter

cette couronne dans les bois, où ils érigeaient leur'
autel, pour la suspendre à quelqu'un des arbres
qu'ils y révéraient comme Jupiter. » [1]

On remarque dans le troisième bas-relief, que
les figures vont, comme dans les autres, du côté
gauche. Elles sont et plus jeunes et sans barbe ; ce
pourrait être des jeunes gens accompagnant leurs
pères ou leurs anciens dans la cérémonie. L'enfance
était très-longue dans les Gaules, et on ne jouissait
que très-tard des droits d'homme fait. Tacite dit, à
ce sujet, que ce n'était que par le don en public
d'une lance et d'un bouclier, que l'on émancipait
les jeunes gens. Les Gaulois portaient également
leurs boucliers ovales ou carré-long. L'inscription
qui a été détruite, et les mutilations de ce bas-
relief rendent son explication obscure, et Baudelot

---

[1] Le grand cercle que porte celui qui marche à la
tête des *Nautes*, est sans doute une couronne en forme
de diadême, dont ils voulaient ceindre la tête du père
des dieux. Ces couronnes qu'on offrait étaient souvent
amovibles et détachées, comme celle-ci, et le nombre
en était grand. On les faisait ainsi pour seconder la dévotion des particuliers, qui souhaitaient que les couronnes qu'ils offraient servissent quelquefois à décorer
leurs dieux. Sans parler que les prêtres y trouvaient
aussi leur compte ; car comme les couronnes se multi-
pliaient à l'infini, les ministres des autels, sur des pré-
textes qui ne leur manquaient jamais, les détournaient
à leur profit.

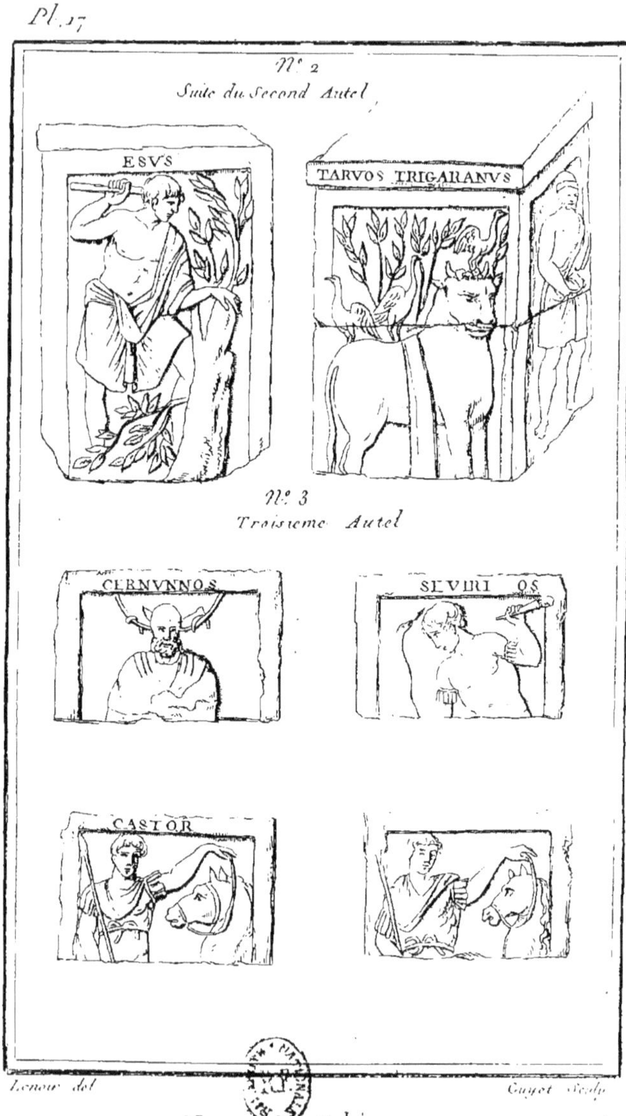


Lenoir del.　　　　　　　　Guyot Sculp.

Monumens Celtiques.

lui-même ne s'explique point sur l'habillement de
ces jeunes Gaulois, que l'on voit agrafé sur l'épaule
droite. Il est fâcheux que les inscriptions aient dis-
paru, elles auraient aidé à la lettre. Baudelot explique ainsi les mots *evrises*, *senani* et *leud*, ou
*liud*: il prétend qu'*evrises* est le pluriel de *ur*,
qui signifie en langue celtique *homme; leud* ou
*liud* signifie *chants;* alors il désignerait les chan-
teurs ou les prêtres de la cérémonie. [1] Dans les ori-
gines gauloises de Boxhorn, *evrid* signifie *doré*.
Dans le lexique breton du P. Maunoir, *aour*
veut dire *or;* en sorte que Baudelot, qui prétend
qu'*evrises* est l'ancienne manière de prononcer,
explique ce bas-relief ainsi :

*Une couronne d'or est offerte par les navigateurs
de la Seine au dieu à qui l'autel est érigé.*

## N.º 2.

### SECOND AUTEL.

Le premier bas-relief représente Jupiter barbu,
à la celtique, ce qui démontre qu'il a été érigé et
sculpté dans le pays. Le terme de *Iovis* est le nom

---

[1] Dans les cérémonies religieuses, les Druides portaient toujours de longues robes blanches, rayées de
pourpre, coupées de telle sorte que les raies allaient
successivement en diminuant.

celtique de ce dieu, avec une terminaison romaine, parce que les Celtes ne disaient que *iou*. Baudelot prétend que Jupiter pose la main droite sur la tête d'un homme en petit, à demi nu, qu'il croit être celui qui a érigé l'autel, qui se met sous la protection de ce dieu, ainsi que l'on trouve de ces sortes de types dans les médailles romaines. On lit au haut du bas-relief : IOVIS. [1] Je l'ai examiné attentivement, et à travers les ruines et les mutilations que ce monument a éprouvées par le temps, au lieu d'un homme, j'y ai remarqué la peau d'un belier, posée sur le bras de Jupiter, dont la tête et les cornes sont très-apparentes. On sait que le belier est aussi un des attributs que l'on donne à ce dieu : ce pourrait bien être aussi l'emblême des espèces de victimes que l'on sacrifiait à Jupiter dans les Gaules.

La figure et le nom du dieu Vulcain, ainsi écrit : VOLCANVS, le marteau placé à sa ceinture, les tenailles qu'il porte à la main, expliquent clai-

---

[1] Un fanatique, fâché de trouver dans ce monument une autorité de l'idolâtrie de nos ancêtres, s'est permis d'ajouter un trait au bas de la première lettre de *Iovis*, qui est l'I consonne, et d'en faire une L, pour substituer le mot *Louis* à la place de celui de *Iovis*, et faire croire, par cette supercherie absurde, que le monument avait été érigé à un des rois de France; il avait accompagné cette sottise d'un grand commentaire.

rement le second bas-relief, et lèvent tous les doutes.

Le sculpteur l'a représenté ici comme un simple forgeron : il est vêtu d'une tunique qui descend jusqu'à la naissance des genoux, un bonnet pointu sur sa tête, semblable à ceux de laine que portent souvent nos ouvriers ; la moitié de son corps est nue. D'après cette observation, il paraît certain que l'auteur de ce monument a donné au chef des Cyclopes le costume simple que portaient de son temps les *forgerons* parisiens, et dans l'inscription V O L-C A N V S, gravée au-dessus de sa tête, il serait difficile de le reconnaître pour le fils de Junon. [1]

Plutarque nous apprend, sur le culte des Gaulois pour Vulcain, que ces peuples ayant déclaré la guerre aux Romains, leur roi Viridomar, croyant par un vœu obtenir du succès dans ses armes, promit d'offrir à Vulcain les dépouilles des ennemis. Viridomar, loin d'obtenir du succès, fut défait et tué par le consul Marcellus ; son armée fut mise

---

[1] On voit chez M. Delondres, apothicaire, rue Saint-Honoré, un chapiteau en serpentine verte, qui date des premiers temps de la monarchie française, sur lequel est sculptée une tête couverte d'un bonnet tout à fait semblable à celui de notre Vulcain. Cet ami des arts m'a permis de le dessiner, pour le faire entrer dans la collection des monumens des premiers siècles, que je vais publier dans mon grand ouvrage.

en déroute, et les armes des vaincus portées en triomphe, et appendues dans le temple de Jupiter Férétrien. « *Les Gaulois, sous Viridomar leur roi, avaient promis de vouer à Vulcain les armes des Romains. Il en fut autrement. Viridomar ayant été tué, Marcellus suspend leurs armes dans le temple de Jupiter Fulminant.* » [1]

Les Gaulois attachaient la même idée à Vulcain, que les anciens peuples chez lesquels ils avaient puisé une partie de leur religion. Ces peuples, adroits à travailler les métaux, offraient des sacrifices à ce dieu, dans l'espérance de perfectionner un travail qui flattait infiniment leur goût. Pline dit qu'ils trouvèrent les premiers l'art d'étamer le cuivre dont on doublait les vaisseaux. Ils perfectionnèrent si bien ce talent, qu'ils parvinrent à vernir avec de l'argent les harnois de leurs chevaux, et l'attelage des chars. *Plumbum album incoquitur aeris operibus Galliarum invento, ità ut vix discerni queat ab argento, eaque incoctilia vocant. Deindè et argentum incoquere simili modo cepêre, equorum maximè ornamentis, jumentorumque jugis.* « Le plomb blanc (sans

_______

[1] *Viridomaro rege romana arma Vulcano promiserunt Galli; aliorsùm vota ceciderunt : occiso enim rege, Marcellus tertia post Romulum patrem Feretrio Iovi arma suspendit.*

doute l'étain ) s'amalgame et s'ajoute aux ouvrages d'airain , invention des Gaulois , de façon qu'on peut à peine le discerner de l'argent ; ils appellent cette opération *étamage*. Ils se sont servis du même procédé pour appliquer l'argent , sur - tout pour les ornemens des chevaux et harnois des bêtes de somme. »

Le troisième bas - relief représente Mars , exprimé en celte , par le mot ESVS. Esus, divinité à laquelle les Gaulois donnaient la suprématie, que l'on croit être Mars. Il est représenté au milieu d'un bois, cueillant *le gui sacré ;* ce qui pourrait faire entendre que les Druides recevaient *le gui* des mains d'Esus, la suprême divinité, pour le communiquer ensuite aux hommes comme un remède spécifique, propre aux maladies morales et physiques. Cette cérémonie se renouvelait tous les ans, le sixième de la lune , au commencement de mai , avec une pompe imposante, et l'appareil le plus mystérieux. Le prêtre chargé de faire l'office de cette divinité bienfaisante , et par conséquent de cueillir le fruit révéré, était vêtu d'une longue robe de lin toute blanche ; monté sur le chêne, armé d'une serpette d'or , il déposait avec respect le fruit *un à un ,* dans un morceau d'étoffe aussi de lin, et de la même couleur, que lui tendait à genoux un prêtre de sa suite. Des auteurs ont pensé qu'Esus était plutôt occupé à recueillir l'œuf mystique des

Druides, *anguinum*, façonné, disaient-ils, par la bave des serpens, et dont ces prêtres étaient très-curieux, pour les vendre fort cher aux esprits crédules. [1] La sculpture de ce monument est si grossière, qu'Ésus a plutôt l'air d'un bûcheron qui ébranche un arbre, que d'un dieu. Voici ce qu'en dit Félibien, *Histoire de Paris*, premier volume, page 135 :

« **A** la face de la seconde pierre, on voit un homme sans barbe, vêtu aussi courtement que Vulcain, l'épaule droite et le bras droit nus comme lui, le genou gauche appuyé contre le tronc d'un arbre, et le pied droit à terre ; la main gauche empoigne une branche feuillue, et la droite élevée, et armée de quelque chose que nous avons découvert être une espèce de doloire, semble fondre avec effort de tout le corps pour couper cette branche. Enfin sur la plate-bande d'en haut est gravé ESVS. La plupart de nos antiquaires supposent, sans le prouver, que le *Hervis* des Celtes est le dieu

---

[1] L'œuf chez les anciens était considéré comme le *principe* de toutes choses; aussi l'œuf joue-t-il un rôle mystérieux dans presque toutes les religions anciennes. Les Persans célèbrent encore la fête du nouvel an, en se donnant mutuellement deux œufs colorés, ce qui arrive le 20 mars : à pareille époque, nous donnons aussi des œufs rouges à nos enfans; ce que l'on appelle *les œufs de Pâques*, donner *des œufs de Pâques*, etc.

*Mars* des Romains. Les autorités de Lucain et de Lactance, qu'ils citent là-dessus, ne le disent point. »

Le *gaudensque feris altaribus Hesus* du premier, et *Hesum atque Teuthaten humano cruore placant* du second, ne désignent point *Mars;* mais il ne parle point de *Hesus;* et d'ailleurs il attribue aux Gaulois le culte de tous les autres dieux des Romains. En quoi son témoignage paraît avoir besoin d'une explication favorable à la réputation d'un aussi grand homme; et nous n'en pouvons donner d'autre, sinon que, négligeant de rapporter les noms que les Gaulois donnaient à leurs dieux, il n'a jugé que de leurs attributs, et par analogie leur a donné les noms connus des Romains pour qui il écrivait. Léibnitz, après avoir cité le passage de Lucain, ajoute dogmatiquement : C'était le dieu *Mars,* qui est l'*Arès* des Grecs, l'*Erich* des Germains; c'est pourquoi le mardi est encore appelé *Erichdag* chez les hauts Allemands; et si on lui oppose qu'*Erich* et *Esus* sont bien différens, il vous dira que les lettres R et S *se changeaient* aisément comme dans *Papisius* et *Parius, Fisius* et *Furius.* Heccard prétend que ce n'est point le dieu *Hesus* qui est représenté ici, mais un prêtre de *Hesus,* ou Druide sans barbe, (d'où il conclut que les Druides ne portaient point de barbe) lequel vêtu d'une robe blanche ( qui lui a dit qu'elle était blanche ? ) coupe avec une serpe d'or le sacré gui de chêne ; sur quoi il rapporte un grand passage de Pline, lequel, au chap. xcv du liv. xvi de son *Histoire naturelle*, décrit amplement cette cérémonie, et toutes les vertus qu'on attribuait au gui de chêne, que les Gaulois regardaient comme un remède universel, d'où vient que les Gaulois l'appelaient *Gueritou*.... Heccard dit formellement que ce n'est pas le dieu *Hesus* qu'on a voulu représenter dans cette figure, mais la manière de cueillir religieusement le gui de chêne, qu'il lui plaît d'appeler *Esus*, à la faveur de beaucoup de transmutations. Tout bien considéré, il vaut mieux l'en croire que de disputer sur une chose dont on ne peut rien dire de certain.[1]

On remarque dans le quatrième bas-relief l'inscription suivante : TARVOS TRIGARANVS.

---

[1] Quant à la religion des premiers Parisiens, ils étaient idolâtres, de même que tous les autres Gaulois ; et quoiqu'ils adorassent Jupiter, Minerve et Apollon, Mercure néanmoins, qu'ils nommaient *Theutates*, passait apparemment pour le plus grand de leurs dieux, aussi bien que Mars, dit autrement *Esus*. Et de fait, à Montmartre, il reste encore quelque ruine de leur temple ; ce qui est cause que Frédegaire appelle cette montagne *Mons Mercurii*, et Abbon, *Mons Martis*, d'où est venu le mot de *Montmartre*. — ( *Sauval*, tom. Ier, pag. 60.

Un taureau au milieu des bois, et trois grues forment la composition du monument. Ce taureau est
représenté dans une espèce de bois, d'où s'élèvent
des arbres de part et d'autre: ce dieu, pour toute
suite, n'a que trois oiseaux ; l'un est sur sa tête ,
un autre sur le milieu de son corps, et le troisième
est sur sa croupe. L'inscription qui orne cette
pierre consiste en ces deux mots : TARVOS
TRIGARANVS, qui signifie *taureau à trois
grues.* Les Gaulois avaient une très-grande vénération pour les images et les représentations de
taureau.

Plutarque nous donne une preuve authentique
du culte des Gaulois pour le taureau, quand il dit
que, sous le consulat de Marius, une armée considérable, composée d'Ambrons, de Teutons et de
Cimbres, après avoir passé l'Adige, pour forcer
Rome, proposèrent une honnête capitulation aux
Romains qui avoient défendu le fort, jurèrent par
leur taureau d'airain d'observer les conditions du
traité. Après leur défaite , le consul Catulus fit
porter ce taureau dans sa maison comme une glorieuse dépouille, et comme le monument le plus
précieux de sa victoire. Grégoire de Tours dit aussi,
en parlant des dieux des Gaulois, qu'ils érigèrent
en divinités les forêts, les eaux, les oiseaux, et
particulièrement le taureau. Sans faire remonter si
haut le culte du taureau chez les Gaulois, arrêtons-

nous au cinquième siècle; examinons le tombeau de Chilpéric, et nous trouverons des traces de son culte particulier pour le taureau. On sait que, lors de l'ouverture de son tombeau, qui fut changé de place, on trouva une tète de taureau qui était d'or. Baudelot dit que *taru*, *tri* et *garan*, sont trois mots celtiques qui signifient *taureau, trois* et *grue ;* nous savons aussi que les anciens Celtes portaient sur leurs enseignes l'image du taureau. Tacite dit qu'ils étaient dans l'usage de les déposer dans les bois, qui étaient leurs temples. Cette allégorie peut s'expliquer ainsi, suivant Baudelot : « Le taureau, comme on le voit ici, est peut-être une image de la paix dont les peuples jouissaient sous la domination des Romains. Les grues qu'on y voit tranquilles y seraient aussi par la même idée et par le même motif. Les grues, dit Aristote, sont si opiniâtres et si acharnées dans les combats qu'elles se livrent entre elles, qu'elles se laissent plutôt prendre par les hommes, que de quitter prise. Il n'y a point de doute qu'elles sont là comme symbole du courage. »

## N.º 3.

### TROISIÈME AUTEL.

Le bas-relief chargé de l'inscription suivante, CERNVNNOS, représente le dieu Pan, portant deux espèces de cornes : on remarque deux anneaux passés dans ces cornes, qui ressemblent assez à des bois de daim. Ceci est peut-être une allégorie qui a rapport au goût que les Gaulois prenaient à chasser ces animaux ; les anneaux sont des couronnes d'or ou d'autre métal dont ces peuples couronnaient leurs divinités, comme on l'a vu plus haut. Ce dieu paroît avoir été adoré par les Gaulois comme le maître des forêts, et invoqué par eux avant d'aller à la chasse des bêtes fauves, exercice pour lequel ils avaient beaucoup de goût Ils portaient cette passion si loin, qu'à leur retour ils faisaient des espèces de marches triomphales, portant les têtes des animaux qu'ils avaient forcés et tués, et les attachaient aux portes de leurs maisons, ainsi que nous avons vu les gardes-chasse clouer à leur porte les oiseaux de proie qu'ils avaient tués. Cet usage remonte fort haut, car on sait que les Grecs, au retour de la chasse, offraient à Diane une partie des bêtes qu'ils y avaient prises ; souvent même ils appendaient à des arbres les têtes ou les jambes de ces animaux. La chasse que les Gaulois affectionnaient le plus était celle de l'élan et du daim, dont on voit les cornes figurées sur le front de notre *Cernunnos*. César parle aussi d'une chasse particulière et fort aimée des Gaulois, nommée chasse de l'*ure* ou du taureau sauvage, animal qui était fort gros et fort grand. « La jeunesse des Gaules, dit-il, s'adonnait fort à la chasse des *ures ;* elle n'acquérait de gloire et d'honneur qu'à proportion du nombre des *ures* qu'elle prenait : on en exposait les cornes dans les lieux publics ; on les gardoit soigneusement, et on les faisait border d'or ou d'argent pour s'en servir dans les festins d'éclat. »

Toutes ces sortes de chasses ont fait long-temps les délices des Gaulois et des Français, disent Grégoire de Tours et Fortunat. Ce dernier, écrivant à Gonon, lui demande s'il s'occupe à la chasse des cerfs, chevreuils, élans, bufles, ours, ânes sauvages et sangliers, dont abondaient les forêts des Ardennes et des Vosges.

Baudelot explique ainsi l'inscription : CER-NVNNOS, placée au-dessus du bas-relief, par *cer, ker* ou *cher*, qui veut dire *bon* ou excellent, et *nunnos* par *maître* ou *père* : il dit *maître du lieu,* ou *bon* et *excellent père.*

Le bas-relief qui suit représente Hercule combattant l'hydre. L'inscription entièrement ruinée, dont on ne voit plus que les deux lettres *os,* est sans doute le reste du mot *ogmios,* nom celtique d'Hercule : cependant on y découvre les lettres suivantes que Baudelot n'explique point. Si l'on consulte Félibien, on pourrait lire, en suppléant à ce qui a été détruit de l'inscription ainsi écrite : SEVI...RI.......OS — *Sevir Riparios* [1],

---

[1] « L'adjectif *Riparius* est un terme latin du bel usage, et dont Pline s'est servi au liv. XXX, chap. XII.

ce qui désigne, selon ce savant, une assemblée de six magistrats, chargés d'inspecter les travaux de rivière et sur-tout de la navigation ; mais rien ne nous autorise à être de l'avis de Félibien : et si l'on fait rapporter l'inscription au bas-relief, on ne sera pas éloigné d'adopter l'opinion de Baudelot, qui est fondée et vraisemblable, puisque le monument dont je parle représente un homme armé qui lève le bras pour frapper un reptile qui paraît s'élancer sur lui ; et il est reconnu que les Gaulois honoraient Hercule sous le nom d'*Ogmius*. Les Germains honoraient aussi Hercule, et lui avaient consacré une de leurs forêts. D'après ces rapprochemens, on voit clairement que les riches navigateurs de la Seine ont rendu, par ce monument public, hommage à Hercule, une des divinités reconnues du pays. Nous voyons également Castor et Pollux figurer à la suite d'Hercule. Les Gaulois avaient les mêmes idées de ces deux héros ; ils les représentaient comme les Grecs et les Romains, et ils les invo-

On appelait *Riparii*, selon Casaubon, dans ses notes sur l'Aurélien de Flavius Vospicus, ceux qui habitaient les rivages des fleuves ; et le code Théodosien, au titre *de re militari*, fait mention des troupes appelées, à cause du voisinage des rivières confiées à leur garde, *Ripariennes* et *Ripenses*. On a donc pu appeler, du temps de Tibère, *Riparios*, des magistrats préposés pour veiller à la sûreté de la navigation et à l'entretien des rivages. ( Félibien, Ant. de Paris. )

quaient aussi comme divinités protectrices de
la navigation. On lit au-dessus du bas-relief :
CASTOR ; ce qui lève tous les doutes. Le bas-
relief suivant, dont l'inscription est totalement
effacée, représente Pollux.

## N.º 4.

### QUATRIÈME AUTEL.

On remarque un bas-relief à chaque face de cette
pierre, plus maltraitée que les autres, puisque les
inscriptions sont entièrement effacées, ce qui jette
beaucoup d'obscurité sur ce monument, qui probablement fait suite aux autres. La première face
représente un homme armé ayant le manteau militaire, et le bras droit appuyé sur sa lance qu'il tient
par le haut ; sa tête est couverte d'un casque : à sa
gauche est un jeune homme vêtu d'une longue
robe, semblable à la *stole ;* il paraît avoir le bras
droit nu, et orné d'un bracelet jusqu'au haut du
bras. La seconde face représente une femme nue,
qui n'a qu'un bout de sa robe sur le bras gauche,
et qui de l'autre semble se dévoiler ; il est plus que
probable que c'est Vénus que l'on a voulu représenter, car la navigation était du nombre de ses
attributions, et je ne suis pas éloigné de croire que
les navigateurs de la Seine, voulant rendre hommage à Tibère par un monument authentique, ne

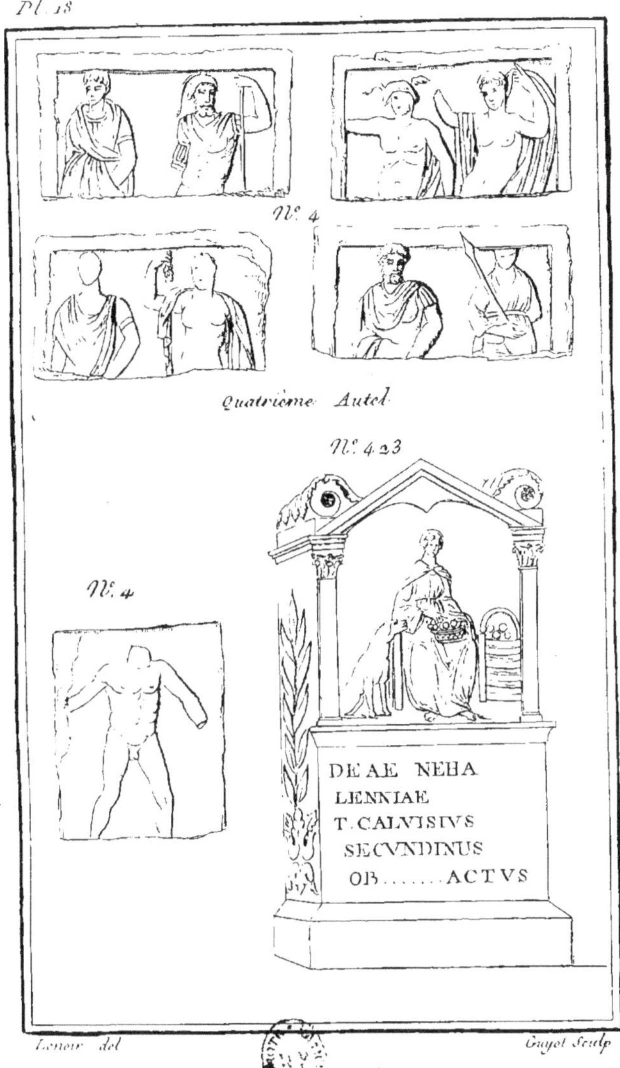

Monumens Celtiques.

se soient plu à faire représenter sur ce monument toutes les divinités protectrices du commerce qu'ils exerçaient. C'est pourquoi on voit dans les autres bas-reliefs Bacchus et Mercure. En examinant le monument avec attention, on découvre le caducée et le pétase du dieu dont je parle ; la barbe qu'on lui a donnée annonce un âge mûr et respectable. Les Gaulois donnaient à Mercure barbu le surnom d'*Artaïen*, qui signifiait pour eux *auguste*, excellent, *grand*, etc. Il est certain que toutes les pierres ont des rapports entr'elles, et que le motif de leur érection a été le même, puisque les inscriptions et les figures de chacune d'elles concourent à un ensemble commun.

On connaît dans les antiquités gauloises une figure de Mercure, qui porte sur sa tête, au lieu de son chapeau ailé, des oreilles semblables à celles d'un âne, d'un lapin ou d'un lièvre ; on donnait à ce Mercure le surnom de *Cessonius*. Les Faunes, les Silènes, les Satyres qui composent toujours le cortége de Bacchus, portent des oreilles semblables à celles que l'on donne au Mercure *Cessonius* dont je parle, ce qui me ferait croire que cette divinité est là comme suite de Bacchus qui semble le pré- céder ; car, malgré les ruines du monument, on apperçoit des grappes de raisin qui coiffent la tête du personnage qui suit notre Mercure *Artaïen*. Bacchus et Mercure conviennent parfaitement dans cette occasion, puisque ce monument a été érigé par des gens qui ont toute raison d'honorer Bacchus, le principe de la végétation et de la reproduction annuelle, sans laquelle leur commerce serait sans activité.

Les figures qui paraissent à demi-nues et casquées, sont sans doute des Gaulois prêts à combattre. Tite-Live et Pausanias disent que les Gaulois combattaient nus pour être plus libres. C'est pour cela qu'ils avoient des boucliers plus grands que les autres peuples. Celles qui ont des casques, les ont à la gauloise, qui ont de grandes éminences, ainsi que l'annonce Diodore. Le *cassis* des Toscans est sans doute cette armure de tête, d'où vient, par succession de temps, notre terme de casque. L'ornement au bras droit que l'on remarque à plusieurs figures de ce monument est sans doute celui que Strabon dit être en usage chez ces peuples sous le nom de *bracelets*, qu'ils portaient soit au bras, soit au poignet.

Le monument qui suit est tellement ruiné, qu'il est impossible d'y rien découvrir. Les Gaulois élevés aux premières dignités étaient vêtus d'étoffes d'or, et portaient des colliers, des bracelets aux poignets et au haut du bras ; dans les cérémonies religieuses ils étaient toujours vêtus de blanc. *Schedius* avance qu'ils portaient des souliers ou sandales de bois pentagones ; mais rien n'est moins certain que son opinion.

N.º 423.

NEHALENNIA.

Ce ne fut qu'en 1646 qu'on fit la découverte
de Nehalennia, déesse adorée dans le fond de la
Germanie. « Le 5 janvier, un vent d'est soufflant
avec violence vers la Zélande, le rivage de la mer
se trouva à sec proche d'Oësbourg, dans l'île de
Valchren, et on y apperçut des masures que l'eau
couvrait auparavant. Parmi ces masures étaient des
autels, des vases, des urnes et des statues de Jupiter,
de Neptune, et entre autres plusieurs qui représentaient la déesse *Nehalennia* avec des inscriptions
qui apprenaient son nom. ( *Voyez* Mongez, Dict.
antiq., et Montfaucon, tome II, 2.ᵉ partie. )

L'on voit encore dans la sacristie d'un village
bâti dans les environs de Dombourg, ancienne
ville, couverte aujourd'hui par la mer, plusieurs
monumens de la déesse Nehalennia. De temps en
temps la mer jette sur ses bords des monumens et
des débris de cette ville. Les pêcheurs en retirent
aussi dans leurs filets, et l'on voit dans le Musée
de Flessingue des meubles, dés ornemens et autres
ustensiles qui servaient à l'usage des malheureux
habitans de Dombourg.

Le monument dont je donne ici la gravure a
été probablement découvert à cette époque, car il
porte le même caractère que ceux qui sont gravés

dans Montfaucon, et on voit encore les excavations de l'eau dans la pierre, et des racines, débris des plantes marines qui s'y étaient attachées; observation qui sert à appuyer ce que l'on a avancé sur la découverte de ces monumens. Celui dont je parle, apporté de la Belgique, paraît avoir pour but l'accomplissement d'un vœu qui avait été fait à la déesse. Quoique l'inscription ait prodigieusement souffert des ravages du temps et des eaux, qui l'ont tellement minée, qu'elle est presque disparue, j'ai rapporté ici ce qui en reste :

DEAE NEHA  
LENNIAE  
T. CALVISIVS  
SECVNDINVS  
OB.......ACTVS.

Les monumens érigés à Nehalennia sont communément en pierre, et portent tous le même caractère; le dessin qui y est observé tient à un style antique dégénéré. Cette déesse est représentée assise, ayant sur ses genoux un panier chargé de fruits, à son côté droit est un chien, et au côté gauche un autre panier tout-à-fait semblable à ceux dont nous nous servons, également rempli de fruits. Hercule, et plus ordinairement Neptune accompagne la déesse; ce qui a donné lieu à Keisler, qui a publié plusieurs monumens sur Nehalennia, d'avancer qu'elle présidait à la navigation et au commerce maritime. D'autres savans l'ont prise pour la lune, *nea selene*, *nouvelle lune*, dont on a fait Nehalennia, et le chien qui l'accompagne serait là comme un des attributs de Diane qui s'en servait, tantôt pour la chasse, et, selon Théocrite, pour la servir à table. On sait aussi que les Gaulois et les Germains honoraient la lune, et qu'ils fixaient les époques des fêtes qu'ils lui consacraient, suivant ses phases. Si l'on remarque toutes les statues qui nous sont parvenues de Nehalennia, on verra que généralement elle est représentée voilée, allégorie qui peut servir d'autorité aux auteurs qui ont vu la nouvelle lune dans cette divinité; et, en adoptant leur opinion, je ne suis pas éloigné de croire que les artistes qui ont représenté Nehalennia, et les poètes qui l'ont chantée, ont voulu annoncer, par ce voile mystérieux, que la lune *nea selene*, dans cette situation, ne se fait voir qu'à moitié, et qu'elle cache une partie de sa lumière.

Il paraît certain que le culte de cette divinité est plus ancien qu'on ne le croit, et qu'il ne se bornait pas seulement aux contrées du Nord, puisque l'on connaît une mosaïque [1] trouvée à Nîmes, qui re-

---

[1] On a aussi publié plusieurs médailles frappées en l'honneur de Nehalennia; une entre autres est remarquable : on y voit deux victoires en l'air, tenant cha-

présente Nehalennia sur le bord de la mer avec ses attributs ordinaires, ayant un petit chien à ses pieds, et une torche allumée qui semble jetée près la base du tableau. Ce flambeau est remarquable, et est ainsi placé par l'auteur du monument, pour exprimer que Nehalennia, ou la lune, ne se montre que la nuit, et que le jour s'éloigne lorsqu'elle paraît.

Les fréquentes représentations de Neptune avec Nehalennia marquent qu'elle était invoquée par les gens de mer pour l'heureux succès de la navigation et de leur négoce, suivant Tacite, et, depuis, Montfaucon ; c'est pour cela qu'on l'a quelquefois représentée, ayant le pied sur un vaisseau. Cependant, si j'examine les attributs qu'on lui donne, je pourrais étendre mes idées sur Nehalennia, et la confondre avec *Isis*, Cérès, Minerve, Diane, même la *Vierge* des chrétiens. Isis, placée dans le ciel, près du vaisseau, a fait dire aux Egyptiens qu'elle présidait à la navigation. La garde d'Isis, selon eux, avoit été confiée à Anubis, ou au chien des constellations ; aussi Anubis était-il représenté avec une tête de chien. On donne aussi à Diane

---

cune une patère ; elles soutiennent de chaque côté deux espèces de rideaux qui pendent d'un dais sous lequel la déesse est assise, ayant deux paniers remplis de fruits, et le chien à sa droite, comme on le remarque dans le monument que je publie.

deux chiens, Procyon et Syrius. La vierge des chrétiens, ou la femme porte-épi, présidait aussi aux moissons et aux vendanges ; et l'on se rappelle d'avoir vu dans nos temples des épis et des raisins dans les mains des statues de la Vierge qu'on y adorait. D'après ces rapprochemens, il est certain que la déesse dont je parle est la même que l'Isis adorée des Parisiens, qui ont encore conservé le vaisseau symbolique qui l'accompagne pour armoiries, et la *Diane* des Ardennes, dont parle Ruinart dans ses notes sur Grégoire de Tours. ( Liv. VIII, chap. 15. )

Porphyre fait parler ainsi la lune dans un oracle qu'elle rendit elle-même. *Vous donnerez à ma statue l'air, les traits, et la figure de Cérès tenant toutes sortes de fruits, mes habits seront tout blancs et mes souliers d'or.* Comme ces divinités, Nehalennia est chargée de fruits et de feuillages, tout ce qui l'entoure annonce la fécondité, et par conséquent la nature. Hercule et Neptune, qui accompagnent cette femme mystérieuse, viennent à l'appui de mon assertion ; car on sait que, dans plusieurs contrées de l'Asie, le culte de Neptune était essentiellement lié à celui de Cérès, et principalement en Arcadie, où ils avaient un temple commun. Cette déesse, selon Pausanias, eut des particularités avec ce dieu , dont elle se purifia dans les eaux du Ladon. On connaît aussi les rapports de cette divinité avec Hercule, ou le *dieu lumière* [1] : c'est donc la nature ou *la grande déesse* que l'on adorait dans Nehalennia.

---

[1] **A Mycales**, Cérès recevait des hommages sous le nom de Mycalésienne. On disait que chaque nuit on fermait son temple, et que chaque nuit Hercule l'ouvrait. On déposait aux pieds de la statue les fruits que produit l'automne.

# MONUMENS DU MOYEN AGE.

Tout atteste que la culture des lettres et la pratique des arts d'imitation, en France, remontent aux premières époques de la monarchie. Non seulement les monumens que j'ai réunis dans ce Musée, et que je vais décrire en font foi; mais nous avons encore des édifices publics dans nos provinces et dans cette capitale, dans lesquels les artistes, chargés de leur construction dans leur origine, ont su conserver avec intelligence les restes de monumens beaucoup plus anciens, tels qu'on en voit à la cathédrale de Chartres, le plus imposant des monumens gothiques, à l'abbaye de Saint-Denis, dans son église souterraine, dont la construction paraît dater du temps de Pepin, enfin à l'église Notre-Dame de Paris. Saint-Germain-des-Prés, avant les destructions révolutionnaires, montrait un portail tout entier, et bien conservé, du premier style de la sculpture française. On voit encore dans la nef de cette basilique des chapiteaux très-anciens, que j'ai dessinés pour en donner les gravures et la description dans mon ouvrage *in-folio*.

Charlemagne encouragea les lettres et les sciences; il employa tous les moyens pour les rétablir, fonda des écoles[1]; il donna particulièrement la conduite de celle qu'il avait établie dans son palais à Alcuin, qui se rendit célèbre dans l'université de Paris, fondée en 804. Alcuin, après avoir formé des élèves, parvint à en faire des professeurs habiles, qu'il envoya ensuite dans les établissemens qu'il avait fondés à Aix-la-Chapelle, à Tours, etc., et mourut dans cette ville.

En 835 parut Rumalde, architecte, qui bâtit alors la cathédrale de Reims. Azon bâtit celle de Séez en Normandie, en 1050; en 1222 Robert de Luzarche commença celle d'Amiens, qui fut continuée, après sa mort, par son élève Thomas de Cormont et son fils Renault.

La peinture était également connue, puisque la plupart des monumens dont je parle contiennent encore des reliefs et des ornemens peints et dorés. Cette ancienne peinture était une préparation à l'eau d'œuf; et personne n'ignore qu'antérieurement à Hubert et Jean Van Eyck, frères, les peintres n'employaient les couleurs qu'avec de la colle ou de l'eau d'œuf; et l'on sait que ces derniers artistes liégeois ne découvrirent que les couleurs se mêlaient plus parfaitement avec l'huile qu'en 1390.

---

[1] Avant ces fondations, les monastères de l'un et de l'autre sexe étaient les seuls lieux d'éducation et les seules écoles publiques.

Il existait à Paris, dans plusieurs maisons religieuses, des peintures à fresque et à l'eau d'œuf qui avaient été exécutées dans le 1 2.ᵉ siècle. Ces peintures qui ont été détruites, précieuses à conserver pour l'histoire et l'histoire de l'art, représentaient des personnages illustres de ce temps, vêtus selon leurs dignités.

Aux Célestins, dans une chapelle nommée *Chapelle d'Orléans*, parce qu'elle fut fondée en 1393 par Louis d'Orléans, frère puîné de Charles VI, toute cette famille y était représentée en habits de cérémonie.

Aux Carmes de la place Maubert, on voyait, dans le cloître, des peintures qui avaient été exécutées sous Philippe le Long et Jeanne sa femme, qui avait fondé cette maison en 1317.

On y remarquait aussi la famille de Louis IX en habit de cour. [1].

Si, à l'époque de la destruction, mes pouvoirs n'avaient pas été restreints, j'aurais eu la satisfaction de conserver aux arts beaucoup d'autorités précieuses pour l'histoire de l'art français, soit en faisant enlever une partie de ces peintures, soit en les faisant dessiner. Il ne me reste plus que le triste souvenir de ces curiosités. Environné alors d'Ico-

---

[1] Louis IX avait amené ces religieux de la Palestine : ils portaient alors des manteaux rayés de blanc et de brun.

noclastes, il m'a été impossible, malgré mes sollicitations, de les arracher des mains de l'ignorance
et de la barbarie. Dans l'église des Carmes un monument en cuivre, érigé à Marguerite de Bourgogne, fille de Jean-sans-Peur, et femme de Louis
de France, duc de Guyenne et dauphin de Vien-
nois, mariée en secondes noces à Artus, fils du duc
de Bretagne, comte de Richemont, connétable de
France, a été fondu.

Les premiers tableaux peints à l'huile sur le bois,
qui n'a point reçu l'apprêt d'une détrempe, telle
que cette pratique était en usage en 1390, n'offrent
au curieux et à l'amateur qu'une représentation
de la nature, telle qu'on la voit avec ses défauts
dans un dessin sec et aride, dans un travail peiné,
dans des draperies longues, et dont les plis sont
cassés sans intention; dans des figures dont les
expressions sont insipides; enfin, représentant le
goût, les ornemens, les parures et le style gothique
de ce temps, ainsi qu'on le remarque dans plusieurs
peintures qui étaient conservées dans la sacristie
de la ci-devant abbaye de Saint-Germain-des-Prés,
et que l'on retrouvera dans ce Musée au rang des
monumens du moyen âge.

Depuis Clovis jusqu'à Philippe II, il y a eu peu
de variation dans les vêtemens, ce qui embrasse
à-peu-près sept siècles; et il semble que ce n'est
qu'au retour des croisades que les costumes ont

changé. Avant cette époque, les hommes laissaient croître la barbe et flotter les cheveux, usage particulier aux rois, *Reges criniti.* « Les Français sont sortis de la Pannonie, dit Grégoire de Tours; ils habitèrent les bords du Rhin; et depuis, ayant passé cette rivière, ils se rendirent dans la Thuringe, où ils établirent dans les bourgs et dans les villes des rois à *longue chevelure*, tirés des plus nobles familles. » Les habits de guerre étaient courts et serrés, et recouverts d'une espèce de draperie qui s'attachait sur l'épaule droite, à-peu-près semblable à ce que les Grecs nommaient *chlamides.*

Les habillemens de ville consistaient en une tunique longue, avec une ceinture que l'on rendait plus ou moins riche en raison de sa fortune. Pardessus était un long manteau, un peu ouvert sur le devant, que l'on assujettissait par une lacure ou courroie fixée par des boutons, ainsi que l'on sera à même de le vérifier sur les bas-reliefs de Childebert, n.° 6, et de Clovis, n.° 9. Les gants dont les mains de ces statues sont ordinairement revêtues indiquent le droit de chasse à l'oiseau, autrement *le droit de fauconnerie.*

Les femmes portaient à-peu-près le même habillement, si ce n'est une espèce de guimpe ou voile qu'elles mettaient sur leur tête, et qui flottait sur leurs épaules, comme on le voit au monument d'Isabelle d'Aragon, n.° 24.

Les costumes des magistrats, des religieux et des religieuses, n'étaient pour ainsi dire que les vêtemens civils de l'époque où leur ordre avait été institué, et que par leurs règles ils n'avaient pu changer.

Les prêtres et tous ceux qui étaient attachés au service de la primitive église portaient aussi la barbe. *Elle contribue à la beauté de l'homme, comme une belle chevelure contribue à la beauté d'une femme*, dit Clément d'Alexandrie. Tertulien, qui vivait l'an 200 de notre ère, parle aussi dans ses ouvrages de la barbe que portaient nos prêtres; il cite particulièrement un passage d'un canon qui défendait aux prêtres de se raser la barbe. *Qu'aucun ecclésiastique n'entretienne sa chevelure ni ne rase sa barbe*, trouve-t-on encore au troisième canon du concile tenu à Barcelone en 540.

Tous les papes des premiers temps portèrent la barbe jusqu'au moment où les deux églises grecque et latine se divisèrent.

### ARMURES DES FRANÇAIS SOUS CLOVIS.

Les hommes, dit Sidoine Apollinaire [1], sont d'une taille extraordinaire, vêtus d'habits fort étroits; ils ont une espèce de baudrier ou de cein-

---

[1] Il naquit à Lyon, vers 430. Voyez son panégyrique de l'empereur Masorien, pour les costumes.

turon qui les serre par le milieu du corps, et qui
sert à attacher leur épée. Ils jettent leurs haches,
lancent avec une force merveilleuse leurs javelots,
et ne manquent jamais leur coup ; ils manient
leur bouclier avec beaucoup d'adresse. Voici ce
que rapporte Procope, secrétaire de Bélisaire,
témoin oculaire de l'expédition des Français en
Italie, sous Théodebert Ier, roi de la France Aus-
trasienne.

« Parmi les cent mille hommes que Théodebert
conduisait en Italie, il avait fort peu de cavaliers
autour de sa personne ; ces cavaliers seuls portaient
des javelots, *qui soli hastas ferebant;* le reste,
qui formait le corps de troupe, était de l'infanterie,
*non arcu, non hastâ armati* : ces soldats n'a-
vaient ni arc, ni javelot ; ils portaient seulement
une hache, un bouclier et une épée. Le fer de la
hache était gros et à deux tranchans, le manche
était de bois et fort court. Ils varient quelquefois
leur manière de combattre, suivant les plans que
les généraux se sont proposés pour dérouter l'ennemi. Tantôt ils se servent uniquement du javelot
qu'ils lancent, et de suite fondent la hache à la main
sur leur ennemi avec une telle vivacité, qu'ils arri-
vent en même temps que le fer du javelot qu'ils ont
lancé ; fracassent le bouclier [1] qu'il leur oppose, et,

---

[1] Le bouclier était fabriqué d'un simple tissu d'osier
ou d'écorce d'arbre, recouvert d'une forte peau.

.e prenant au corps, ils le percent de l'épée qu'ils portent, ou lui ouvrent le crâne avec la hache. Selon Agathias [1], les armes des Français sont fort grossières ; ils n'ont ni cuirasse, ni bottes ; fort peu portent des casques. Ils ont peu de cavalerie, mais ils se battent à pied avec beaucoup d'adresse et de discipline. Ils portent l'épée le long de la cuisse, et le bouclier sur le côté gauche ; ils ne se servent ni d'arc, ni de fronde, ni de flèches, mais de haches à deux tranchans et de javelots. Ces javelots, qu'ils lancent avec la main ne sont ni fort longs, ni fort courts ; ils sont tout couverts de fer, excepté à la poignée ; au haut, en approchant de la pointe, il y a deux fers recourbés en forme de crochets, un de chaque côté ; ils s'en servent pour blesser l'ennemi ou pour l'embarrasser dans son bouclier, de manière qu'il montre le corps à découvert, et pour le percer ensuite de l'épée. »

Grégoire de Tours s'accorde avec les auteurs que je viens de citer pour donner aux Français les armes dont je parle ; car, en parlant de la revue que Clovis fit de ses troupes après la bataille de Soissons, il lui fait dire à un soldat qu'il reprenait de sa mauvaise tenue : *Neque tibi hasta, neque gladius, bipennis est utilis.* « Il n'y a point de soldat de l'armée dont les armes soient en dé-

---

[1] Le scoliaste Agathias, avocat, natif de Myrine, au sixième siècle, exerçait sa profession à Smyrne.

sordre comme les vôtres ; ni votre javelot, ni votre hache ne sont point en état de vous servir. » Dans un autre passage il donne aux Français un poignard pendant à leur ceinture.

Agathias et Apollinaire s'accordent à dire que les Français qui n'étaient point du sang royal étaient rasés tout à l'entour de la tête ; qu'ils se conservaient seulement les cheveux du coronal, qu'ils relevaient en forme de huppe ou d'aigrette qu'ils faisaient tomber sur le front. Ils avaient, continuent ces auteurs, la barbe rase, excepté qu'ils conservaient de longues moustaches au-dessus de la lèvre supérieure.

Les souliers des anciens Français étaient attachés aux pieds avec une longue courroie ou un ruban, dont les deux côtés, depuis le pied, montaient en s'entrelaçant autour de la jambe, en montant de cette manière jusqu'au haut de la cuisse où on l'arrêtait.

Les chefs de l'état et les princes seulement conservaient leurs longues chevelures ; lorsqu'ils commandaient en personne, ils portaient des casques et même des cuirasses. Voici ce qu'on lit dans un historien contemporain, parlant de Dagobert combattant contre les Saxons : « Son casque fut cassé « ou percé d'un coup qui lui emporta une partie « de sa chevelure. »

« Clotaire II, son père, continue le même auteur, étant venu à son secours avec une armée fraîchement levée, parut sur les bords du Véser, où il se fit reconnaître de loin au duc des Saxons, ayant ôté son casque et fait paraître sa longue chevelure. »

## N.º 5.

### DE L'ABBAYE DE SAINT-DENIS.

La chapelle sépulcrale de Dagobert I<sup>er</sup>, que l'on voit ici, ne date point du temps de ce prince. L'ancien tombeau ayant été détruit à l'époque où les Normands ravagèrent une partie de la France, Louis IX fit construire cette chapelle à la suite des restaurations qu'il fit faire dans l'abbaye de Saint-Denis, après la mort de l'abbé Suger, et à la sollicitation de Blanche sa mère. Le corps de Dagobert, que l'on avait eu soin de conserver, fut placé au milieu de la chapelle dans un sarcophage de lumachelle gris, creusé dans la masse en manière de cercueil de momie, et en conservant dans le vide la forme de la tête. Une tombe plate sur laquelle était représentée en relief la statue du roi, vêtu selon l'usage du temps, et ayant les mains jointes, ainsi qu'on le voit dans la gravure que j'en donne, fermait ce sarcophage. En 1793, les violateurs des tombeaux brisèrent la statue et le cercueil dont je viens de parler pour l'ouvrir, croyant qu'il renfer-

TOMBEAU DE DAGOBERT I<sup>R</sup>.

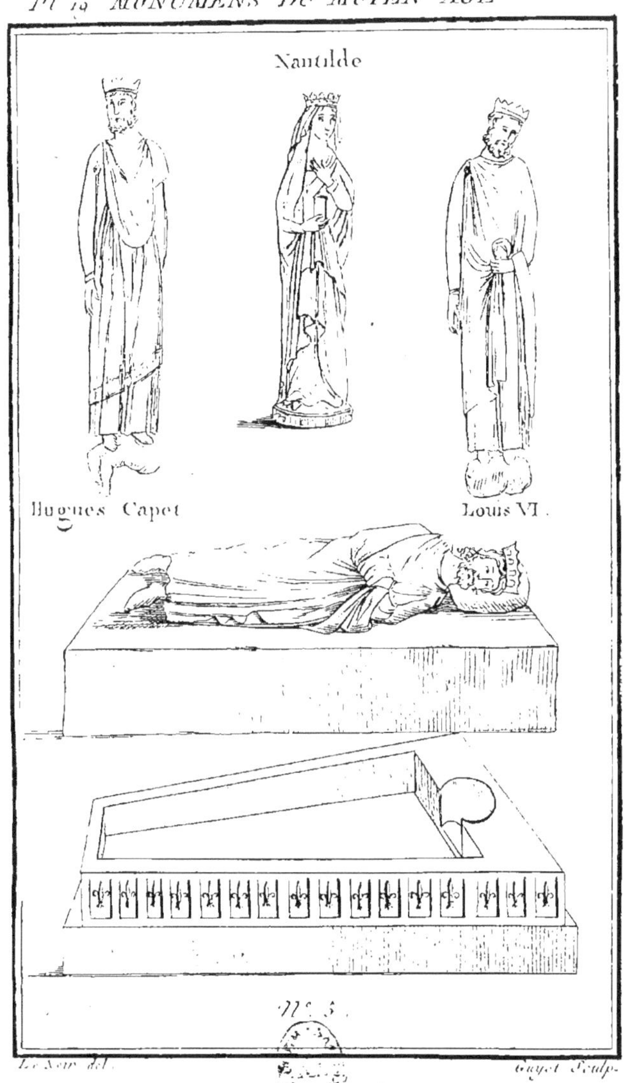


Restes du Tombeau de Dagobert.

mait un trésor selon l'ancien usage ; mais de simples ossemens enveloppés d'un suaire est tout ce qui s'offrit à leur cupidité.

Ce monument, que j'ai fait enlever pour le soustraire à la destruction et reposer dans le jardin Élysée de cet établissement, représente une chapelle gothique, sculptée en pierre de liais ; il est décoré d'une infinité de petits ornemens en feuillage, selon les formes adoptées en architecture à la suite des croisades. Les sujets qui composent les trois bas-reliefs qui forment le fond de la chapelle jettent beaucoup d'intérêt sur ce précieux monument ; voici ce qu'en dit Montfaucon :

« Un nommé Ansoalde, revenant de son ambassade de Sicile, aborda à une petite île, où il y avait un vieux anachorète nommé Jean, dont la sainteté attirait bien des gens dans cette île, qui venaient se recommander à ses prières. Ansoalde entra en conversation avec ce saint homme ; et étant tombés sur les Gaules et sur le roi Dagobert, Jean lui dit : Qu'ayant été averti de prier Dieu pour l'ame de ce prince, il avait vu sur la mer des diables qui tenaient le roi Dagobert lié sur un esquif, et le menaient en le battant aux *manoirs de Vulcain* ; que Dagobert criait, appelant à son secours saint Denis, saint Maurice et saint Martin, les priant de le délivrer, et de le conduire dans le sein d'Abraham. Ces saints coururent après les diables, leur arrachèrent cette ame, et l'amenèrent au ciel en chantant des versets, des pseaumes. »

Pour trouver la suite de ces reliefs, il faut commencer par le bas, et les suivre en remontant. On voit d'abord tout en bas le roi Dagobert étendu mort, tenant les mains jointes, et au-desssus de lui l'inscription suivante :

*Ci gist Dagobert, premier fondateur de ceans, VII. roi, en l'an 632. jusques à 645.*

A la bande de dessus on voit le roi Dagobert mourant, et saint Denis qui l'exhorte. Après vient un arbre, pour marquer à la mode ancienne que ce qui suit n'a point de liaison avec la première représentation. Après l'arbre se voit une barque sur les flots de la mer, chargée de diables qui tiennent l'ame du pauvre Dagobert, et au-dessus on lit cette inscription :

*Saint Denis révèle à Jean anachorète, que l'ame de Dagobert est ainsi tourmentée.*

A la bande de dessus on voit d'abord deux anges, ensuite saint Denis et saint Martin qui viennent sur les flots, jusqu'à la barque, et arrachent l'ame de Dagobert des mains des diables, dont quelques-uns tombent la tête la première dans les flots. L'inscription au-dessus est :

*L'ame de Dagobert est délivrée par les mérites de saint Denis, saint Martin et saint Maurice.*

Dans la bande de dessus, saint Denis, saint Martin et saint Maurice, tiennent l'ame de Dagobert debout dans un drap; ils ont un ange de chaque côté : deux autres anges encensent cette ame. A la pointe, en haut, saint Denis et saint Martin sont à genoux devant Abraham, et le prient de recevoir cette ame dans son sein.

Les statues que l'on voyait adossées à chaque pilier représentaient, l'une la reine Nantilde, femme de Dagobert, et l'autre le roi Clovis, leur fils; elles ont été brisées.

Les inscriptions dont parle Montfaucon, les dorures et autres décorations à l'eau d'œuf qui ornaient cette chapelle, ont été recouvertes, depuis les remarques de cet auteur sur ce monument, par une couche de peinture à l'huile.

Dagobert I$^{er}$ était fils de Clotaire II et de Bertrude; il fut roi d'Austrasie en 622, de Neustrie, de Bourgogne et d'Aquitaine en 628. Il se distingua dans les guerres qu'il soutint contre les Esclavons, les Gascons et les Bretons; bientôt après il ternit ses victoires par d'affreuses cruautés, et par la vie licencieuse qu'il mena. Après avoir répudié la femme qu'il avait d'abord épousée, il en eut jusqu'à trois à-la-fois, auxquelles il donnait le titre de reine, sans compter les concubines avec lesquelles il vivait publiquement. Il avait environ trente ans lorsqu'il fonda l'abbaye de Saint-Denis,

espérant expier ses crimes par cèt acte de piété. Il
mourut six ans après à Épinay. Dagobert publia les
lois des Francs avec des corrections et des augmentations. Il fut mis au rang des saints [1], et ce fut vers
la fin de son règne que l'autorité des Maires du
Palais absorba la puissance royale.

---

[1] Ce que les sculpteurs exprimaient par un disque
ou *nimbe*, qu'ils plaçaient derrière la tête des personnages qu'ils représentaient, comme on pouvait le voir
aux anciennes statues, avant la destruction des édifices
qui nous étaient restés des premiers temps de la monarchie. Ces monumens historiques sont devenus extrêmement rares depuis notre révolution; cependant
on en voit encore d'assez bien conservés au portail de
la cathédrale de Chartres, que les habitans de cette
ville ont su maintenir intacte. On en voit aussi à l'é-
glise Saint-Ayoult à Provins. J'ai dessiné les figures
les plus intéressantes de ce monument, qui ont conservé le *nimbe* malgré les mutilations qu'elles ont
éprouvées, pour en donner les gravures dans mon
grand ouvrage.

Le nimbe, dont Montfaucon parle avec mystère,
n'est autre chose que l'image du soleil dans sa plus
haute exaltation. Cet emblême du soleil se plaçait
communément sur la tête des saints et sur celle des
rois de la première race, auxquels il était d'usage, à
l'imitation des Romains, de décerner des honneurs
divins; et ce *nimbe* exprimait tout simplement l'apo-
théose du héros auquel on rendait cet honneur.

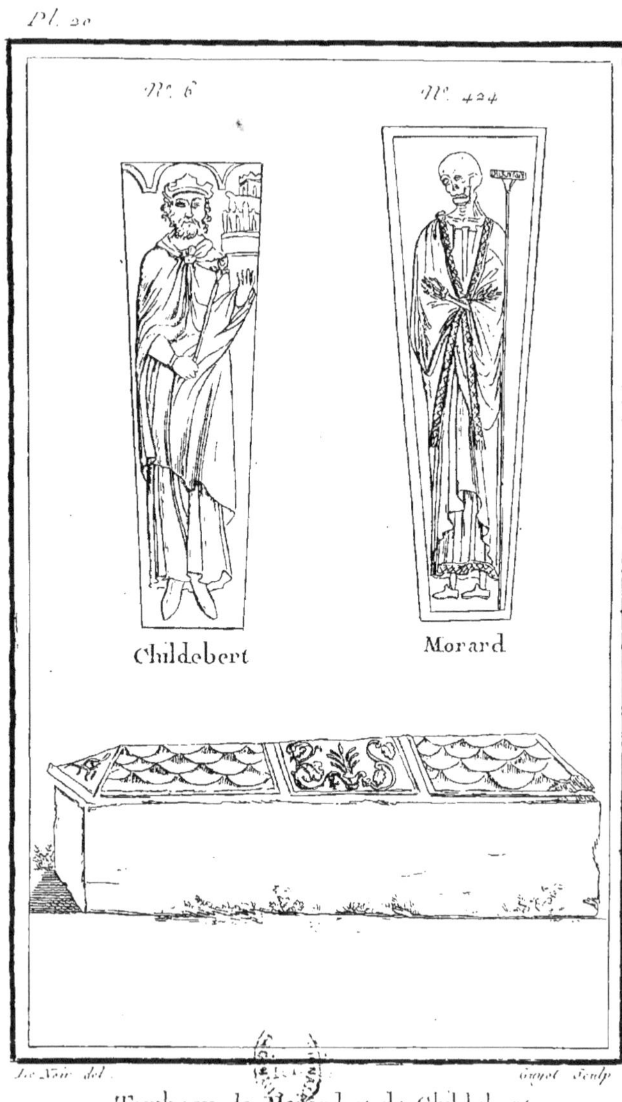

Tombeau de Morard et de Childebert.

## N.º 6.

### DE SAINT-GERMAIN-DES-PRÉS.

Un bas-relief, en pierre de liais, représentant Childebert, mort en 558. Il est couché, tenant d'une main le modèle de l'église de Saint-Germain dont il est le fondateur, et de l'autre un sceptre. Cette tombe, qui couvrait ce prince, date du sixième siècle.

Je rapporte ici les inscriptions posées en 1656 sur ce tombeau, reconstruit à cette époque dans le chœur de l'église, et consacré aux ossemens de Childebert et d'Ultrogothe sa femme. Ces inscriptions, qui ont été détruites par les malveillans, se trouvent aussi dans Félibien et dans Piganiol.

*Hic Childeberti christianissimi Francorum regis ossibus et cineribus quies reparata, an. D. 1656. die decembris 23 excessus ejusdem regis anniversaria.*

*Hic Ultrogotha regina Childeberti regis conjux quiescit, reposita an. D. 1656. die decembris 23.*

Grégoire de Tours annonce que l'église de Saint-Vincent. depuis Saint-Germain-des-Prés, servait de sépulture particulière aux rois qui mouraient d'une mort violente. Le même écrivain dit que Childebert, Chilpéric et Daudovère, ayant été tués, furent rapportés dans cette basilique par les ordres de Gontran, leur oncle.

## N.º 424.

### TOMBEAUX DE MORARD ET D'INGON, DÉCOUVERTS DANS L'ABBAYE SAINT-GERMAIN-DES-PRÉS.

Depuis long-temps les antiquaires font des recherches sur les sépultures anciennes, et le résultat de ces recherches n'a jeté que très-peu de lumières sur les motifs qui déterminaient les anciens à enterrer les morts, soit avec des richesses, soit avec des comestibles à l'usage des vivans. Le citoyen Legrand, membre de l'Institut, dans un mémoire sur cette matière, qu'il a lu à l'une des séances de cette respectable assemblée, a développé dans son travail autant de sagacité que de talent.

La troisième partie de ce mémoire, qui traite des fouilles à faire, tant à Paris que dans nos départemens, dans les anciens monastères avant de les vendre, ou de les employer à des établissemens publics, a provoqué une lettre du ministre de l'intérieur, adressée au conseil de conservation des objets de sciences et arts, par laquelle il autorise les membres de ce conseil à faire faire des fouilles dans la ci-devant abbaye de Saint-Germains-des-Prés, à l'endroit indiqué par le citoyen Legrand, qui annonce, ainsi que Montfaucon et Dom Bouillard, (tous deux religieux de ce monastère) que le tombeau de Charibert, resté intact, pourrait

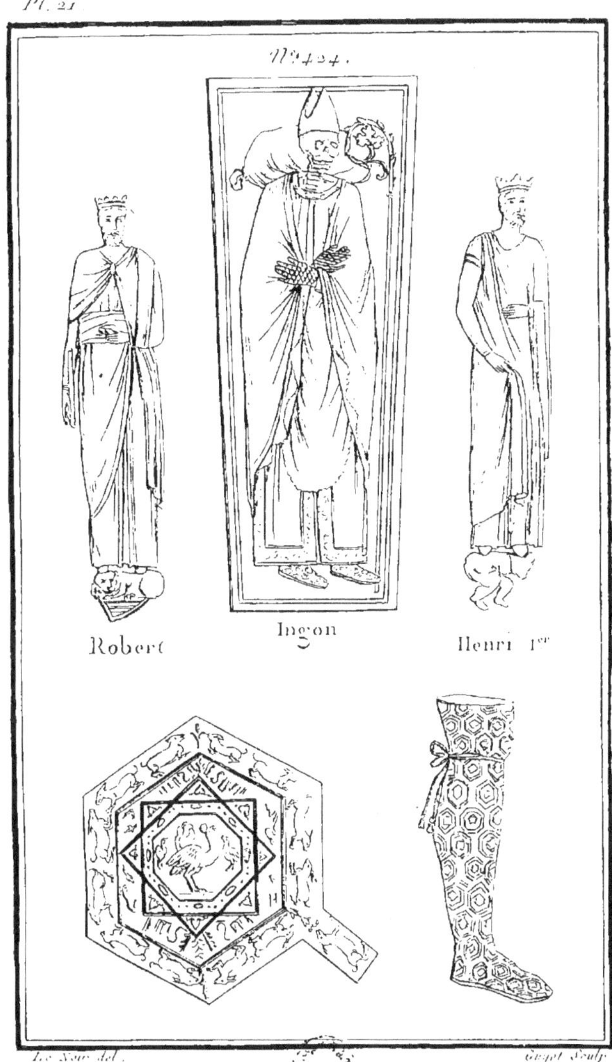

N°424.
Robert
Ingon
Henri 1er
Tombeau d'Ingon.

bien renfermer des trésors, ainsi qu'il s'en trouva dans celui de Childeric I<sup>er</sup>, découvert à Tournai, et dont les dépouilles enrichissent aujourd'hui la bibliothèque nationale. Voici comme s'exprime Montfaucon sur le tombeau de Charibert ou Chérebert. « L'an 1704, lorsqu'on jetait les fondemens « du grand autel de notre église, on trouva, à six « ou sept pieds en terre, plusieurs cercueils de « pierre, dont l'un, plus grand et plus orné « que les autres, avait un couvercle fait en dos « d'âne taillé en écailles; nous nous trouvâmes là « six ou sept religieux, avec Dom Simon Bougis, « assistant du général. La pensée me vint d'abord « que ce pourrait être le tombeau du roi Chérebert. « Nous étions tous d'avis d'ouvrir le cercueil; mais « le père assistant s'y opposa, disant qu'un autre « tombeau fut ouvert en 1645, et que quelqu'un, « qui n'était pas des *nôtres*, enleva les pièces d'or « qui étaient dedans. Nous lui remontrâmes que « lui et tant de religieux étant présens, il n'y avait « point à craindre qu'on enlevât rien : cela ne l'é- « branla point, il défendit qu'on y touchât. » Il fut donc recouvert de terre comme auparavant.

Munis de tous ces renseignemens, les citoyens Leblond, Poirier, (ci-devant religieux de cette abbaye) et tous deux membres du conseil de conservation, et moi, nous commençâmes à faire faire les fouilles en présence du citoyen Aubry, directeur de la manufacture de salpêtre qui y est établie, et le citoyen Jollain, expert du conseil, qui dirigea les ouvriers d'après les renseignemens ci‑dessus cités. Voici le résultat de nos recherches.

### TOMBEAU DE MORARD, CRU CELUI DE CHÉREBERT.

Le 6 prairial an 7, après avoir creusé environ sept pieds au‑dessous de la place où était le grand autel, on découvrit un tombeau de six pieds de longueur, dont le couvercle fait en dos d'âne, orné d'écailles de poisson, de palmettes, et d'un cep de vigne s'échappant d'un vase, était celui qui fut découvert en 1704, et dont parle Montfaucon.

Le couvercle ayant été levé, (ce tombeau avait déjà été ouvert, puisqu'un *fragment du couvercle*, qu'on avait brisé probablement en l'ouvrant, s'est trouvé dans l'intérieur sous la tête du mort et lui servant d'oreiller) nous apperçûmes un squelette vêtu et conforme au dessin que j'en ai fait d'après nature, et dont la gravure se trouve à la suite de cette description. Les pieds étaient dirigés vers l'orient ; les draperies dont il était couvert formaient deux vêtemens : le premier, assez bien conservé, paraît être un long manteau, ample et dessinant de grands plis, dont les chûtes descendaient jusqu'au bout des pieds ; après avoir examiné l'étoffe, nous reconnûmes que c'était un satin d'un tissu très‑fort et à grands dessins : sa couleur,

quoique passée, paraît avoir été d'un rouge foncé.
Le second vêtement est une tunique longue, de
laine, couleur de pourpre brun, orné dans le bas
d'une broderie aussi de laine, sur laquelle on avait
gaufré des ornemens ; des espèces de pantoufles
d'un cuir noir très-bien tanné lui servaient de
chaussure ; ces pantoufles, ou souliers sans oreilles
et sans boucles, n'ont qu'une couture placée à l'extérieur du pied, et de manière qu'au pied droit elle
se trouve à droite, et au pied gauche à gauche.

Au côté droit du cadavre, on a trouvé une canne
de bois, que l'on croit être de coudrier, d'environ
six pieds de longueur, surmontée d'une petite tra-
verse d'ivoire formant béquille, ouvragée à jour,
et dont la sculpture peut remonter au huitième ou
neuvième siècle. Cette espèce de *tau* était fixé sur
le bois par une espèce de base de cuivre du même
travail.

La disposition de ce corps, l'espèce d'étole dont
il était revêtu, et principalement la longue canne
trouvée près de lui, tout semble caractériser un
abbé ; car on sait que les premières crosses des
évêques ou des abbés commendataires n'étaient
que de simples bâtons de bois très-longs, dont la
partie supérieure se terminait en tau, et désignées,
dans les ouvrages de Mabillon sur cette matière,
par *baculus*. Ces crosses depuis ont été diminuées,
et l'on s'en est servi pour s'appuyer.

Si j'examine le sarcophage qui contenait ces restes antiques, je trouve que le couvercle est d'un marbre grec et cristallin, que le travail de la sculpture dont il est orné date du Bas-Empire, et par conséquent qu'il est beaucoup antérieur au coffre fait en pierre de Saint-Leu qu'il fermait, et au bout duquel ont été sculptées quatre croix du côté de la tête. Toutes ces considérations autorisent à croire que Montfaucon s'est trompé; que la personne qui était enfermée dans ce tombeau n'est point Chérebert, mais bien l'abbé Morard, abbé de Saint-Germain-des-Prés, en 990. Cette abbaye, ayant considérablement souffert des incursions fréquentes que les Normands y firent à plusieurs reprises, fut démolie par les ordres de Morard, et reconstruite telle que nous la voyons aujourd'hui par ses soins et bons offices. En suivant le plan des sépultures donné par Dom Bouillard, on reconnaîtra que le tombeau dont je parle s'est trouvé dans les environs de la place qu'il dit devoir contenir les restes de ce digne abbé; ainsi je pense que l'on a fait servir au cercueil de Morard le couvercle d'un tombeau plus ancien, et il serait très-possible qu'effectivement le couvercle fût celui qui couvrait autrefois Chérebert.

### TOMBEAU D'INGON.

En continuant de suite les fouilles dont j'ai parlé plus haut, le 7 suivant, à quatre heures du soir,

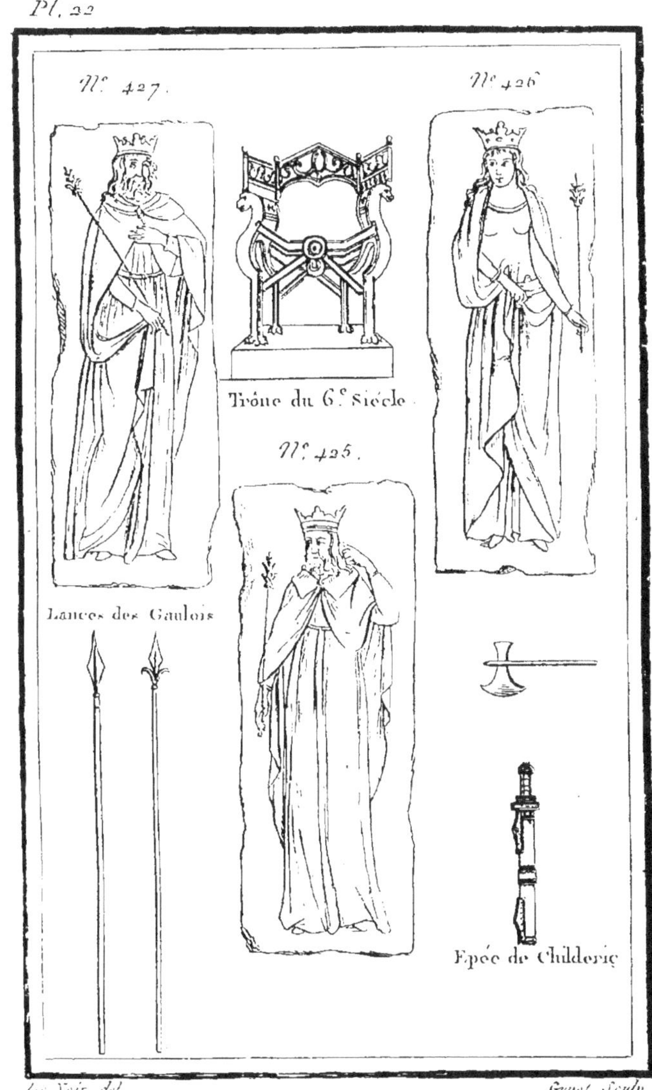


Le Noir del.                    Guyot Sculp.

Pierres Sépulchrales du 6.e Siécle.

on a découvert un autre sarcophage en pierre de Saint-Leu, fermé simplement d'une pierre plate et carrée.

Si l'on consulte l'ordre chronologique du catalogue que donne Bouillard, des abbés qui ont successivement gouverné la maison de Saint-Germain-des-Prés, et si l'on considère la place qu'occupait le tombeau, et principalement si l'on porte un regard attentif sur les étoffes précieuses qui couvraient le personnage, on ne sera pas éloigné de reconnaître en lui Ingon, abbé de cette maison, parent, selon l'histoire, de Robert-le-Pieux, roi de France : il mourut en 1025. Cet abbé d'une grande naissance, élève du célèbre Gerbert, était déjà pourvu des abbayes de Macé et de Saint-Pierre-le-Vif, près Sens, lorsqu'il succéda à Morard; et il n'y a pas de doute qu'Ingon, selon l'usage, n'ait été enterré à la suite de son prédécesseur. Voyons maintenant les objets trouvés dans l'intérieur de ce tombeau.

Lors de l'ouverture, on a trouvé un squelette vêtu, qui avait d'abord été déposé dans un cercueil de bois, dont la légéreté, par sa décomposition, se rapproche de celle du liége, mais en conservant moins d'élasticité. La crosse, composée d'enroulemens et de feuilles de vigne, est aussi de bois, et s'est trouvée dans le même état de légéreté, posée à droite et près du cadavre, comme s'il pouvait s'en servir.

Les ossemens intacts dans leur situation étaient couverts d'un grand vêtement de taffetas violet foncé, ressemblant assez à l'habit des religieux de l'ordre de Saint-Benoît, et offrant exactement les plis que l'on voit dans le dessin que j'en ai fait d'après le naturel. Les pièces qui formaient l'ensemble de ce vêtement ont été assemblées, non par de simples coutures ou par des surjets, suivant notre usage, mais au moyen d'un galon de soie verte, étoilé d'une broderie d'or, qui servait à lier les lisières entre elles; en sorte que le galon dessinait les pièces telles qu'elles étaient avant d'être assemblées. Cette espèce de tunique longue et très-ample est bordée par une grande bande d'étoffe à grands dessins, relevés en dorure sur le fond. La mitre de soie blanche ressemble parfaitement à la moire que nous connaissons. La tête était posée sur un coussin qui avait conservé sa forme quoique entièrement détruit.

Les gants qu'on lui voit aux mains sont bien conservés, et d'un tissu de soie à jour, fait à l'aiguille autour d'une base cylindrique, suivant le savant rapport que le citoyen Desmarest, membre de l'institut national, nous a donné sur les étoffes que nous avons trouvées dans ces tombeaux. La bague qu'il avait au doigt n'offre rien de curieux, ni par la matière, ni par la forme; elle est d'un métal composé de cuivre et d'argent mélangé: le chaton,

en forme de croissant, renferme une turquoise
décolorée.

Je donne ici une gravure séparée de la chaussure du personnage, comme la partie la plus intéressante de notre découverte. Cette chaussure,
parfaitement semblable à nos guêtres, est d'une
étoffe de soie d'un violet-foncé, ornée de dessins
très-variés et du meilleur goût, représentant des
polygones ou écus, dans le champ desquels sont
tracés des lévriers et des oiseaux en or. Les guêtres
étaient serrées du haut et du bas, d'une coulisse
retenue par un petit cordonnet de soie de la même
couleur, et dont la fabrique ressemble parfaitement
à la nôtre.

Le savant Desmarest retrouve dans cette étoffe
tout ce que Pline et Ammien Marcellin nous
apprennent sur la fabrication des tissus les plus
riches de leur temps et de celui des Grecs. Il y
découvre les différentes parties d'un dessin varié,
qui n'ont pu s'exécuter que de la manière dont
Pline nous instruit que les Grecs d'Alexandrie
étaient parvenus à orner les tissus de leurs étoffes.
Il rapporte qu'Ammien Marcellin dit formellement
que ces étoffes étaient employées dans l'habillement
des personnages d'une certaine classe, jusqu'au
temps où nos évêques ont vécu.

D'après toutes ces observations et le style que
je remarque dans le dessin de ces ornemens, je

.pense que cette étoffe n'a point été fabriquée en France, et qu'elle a été apportée d'Asie; c'est aux savans, plus instruits que moi dans cette partie, à décider une question qui pourrait devenir intéressante pour nos fabriques d'étoffes, et même pour nos artistes.

## N.º 425.

### DE SAINT-GERMAIN-DES-PRÉS.

La tombe en pierre de liais et gravée en creux, de Clotaire II, mort en 628, âgé de 45 ans. La même année mourut le prophète Mahomet.

## N.º 426.

### DU MÊME LIEU.

La tombe en pierre de liais et gravée en creux, de Berthrude, première femme de Clotaire II; elle mourut en 620; ses vertus, qu'elle opposait perpétuellement aux cruautés de son mari, la firent généralement regretter. Bientôt après la mort de Berthrude, Clotaire épousa Sichilde, dont il fut extrêmement jaloux; il livra lui-même Brunehaut, qu'il fit mourir dans des tourmens effroyables.[1]

---

[1] Clotaire, mu par la passion favorite des dévots, *la vengeance*, livra Brunehaut à des bourreaux qui la tourmentèrent pendant trois jours par divers supplices; il la fit attacher par les cheveux, par un pied

Le trône des rois de ce temps, suivant Mézerai, était un siége simple, sans bras et sans dossier, assez semblable à la chaise curule des anciens, et dans le goût de celui de Dagobert, qui se voit à la bibliothèque nationale, et que l'on montrait à l'abbaye de Saint-Denis sous la dénomination de *fauteuil du roi Dagobert.*

### COSTUMES.

Les marques royales, dit encore Mézerai, étaient la chevelure longue et tressée, la mante et la tunique de pourpre, et le diadème ou bandeau enrichi d'or ou de deux rangs de perles, quelquefois entremêlés de pierres précieuses, ainsi qu'on peut le remarquer à la statue de Clovis, placée dans ce musée, et décrite sous le n.º 9. Ce bandeau se portait toujours sur les cheveux, ou sur un bonnet dont le prince variait la forme à son gré : telles on voyoit autrefois, à l'un des portails de l'abbaye de Saint-Denis, les statues des rois Méro-

---

et par un bras, à la queue d'un cheval indompté : son corps, tout déchiré, fut jeté au feu et réduit en cendres, contre la coutume de ce temps-là. Son tombeau fut élevé dans l'église Saint-Martin d'Autun. Les excès et les débauches auxquels Brunehaut s'est livrée ne peuvent faire oublier sa prudence, sa fermeté, sa grandeur d'ame, et son habileté dans l'art de gouverner. Elle aimait les arts, et la France est remplie de rares monumens de sa magnificence et de sa libéralité.

vingiens, gravés et publiés par Montfaucon; savoir, Clovis, Childebert, Clotaire, Chérebert, Clotaire II et Dagobert. Je viens de recueillir les six figures, plus fortes que le naturel, qui décoraient le portique septentrional de ce temple, qui sont : Hugues-Capet, Robert-le-Pieux [1], Henri I<sup>er</sup>, Louis-le-Gros, Philippe et Louis-le-Jeune, dont on voit les gravures dans les planches 19, 21 et 25. Ces figures, quoique grossièrement exécutées, montrent encore un reste de style antique, et confirment l'opinion universellement reçue, que les arts nous viennent de l'Orient. Suger, qui a fait construire cette partie de l'église de Saint-Denis, avait fait représenter dans l'archivolte du portail trente-deux rois, dont je n'ai pu retrouver parmi les démolitions que quelques têtes.

### N.º 427.

**DU MÊME LIEU.**

La tombe en pierre de liais et gravée en creux, du cruel Childeric II, assassiné en 673, à Chelles, en revenant de la chasse. Bodillon, auteur de ce meurtre, entre dans le palais du roi, massacre la

---

[1] Robert est représenté ayant une harpe sous ses pieds, sans doute pour exprimer son goût pour les sciences, et ses talens à composer des hymnes sacrées, qui ont été long-temps chantées dans nos temples.

reine Bilechilde, qui était grosse, et égorge, sous les yeux de cette femme mourante, son jeune fils qu'elle avait auprès d'elle.

Leurs corps furent portés dans l'église Saint-Vincent, aujourd'hui Saint-Germain-des-Prés. « Il y a quelques années, dit Mézerai, qu'en réparant l'église de Saint-Germain-des-Prés, on y trouva deux tombeaux de pierre côte à côte; dans l'un était le corps d'un homme, et dans l'autre, le corps d'une femme et d'un petit enfant. On a cru que c'étaient ceux de ce roi et de sa femme, à cause que l'inscription qui était dans le tombeau de l'homme portait le nom de Childeric, et qu'il y avait dedans quelques ornemens royaux, dont les ouvriers emportèrent et dissipèrent la meilleure partie. » Les tombes dont je viens de parler ne datent point du temps des personnages qu'elles couvraient, mais elles ont été imitées dans le dernier siècle sur les débris d'anciens monumens; j'ai cru devoir les recueillir pour servir à la chronologie des costumes anciens et modernes que l'on trouvera dans le cours de cet ouvrage. On voit encore dans la même planche une épée, trouvée dans le tombeau de Childeric I<sup>er</sup>, découvert à Tournai en 1663, et le *gaesum,* ou lance, dont se servaient les Gaulois dans les combats, comme je l'ai décrit plus haut.

## N°. 7.

### DU MÊME LIEU.

La tombe qui couvrait Frédégonde, exécutée en mosaïque. Clotaire II fit ériger ce monument à sa mère, l'an 600.

Cette mosaïque est formée d'une infinité de petites parties d'émaux, disséminée dans un mastic préparé et coulé dans les contours de la figure, sculptée dans une pierre de liais, dont les petits ornemens sont en cuivre.[1] L'inscription suivante qu'on y lit ne date point du temps de son érection :

*Fredegundia regina , uxor Chilperici regis.*

Frédégonde porte sur sa tête une couronne à trois fleurs-de-lis ; elle tient dans sa main droite un sceptre, terminé en doubles fleurs-de-lis. Il n'y a point de représentation au visage ; la place des mains et des pieds est aussi sans aucun trait : il semblerait que l'artiste, en ne nous transmettant aucun dessin de la physionomie de cette femme, ait eu intention de soustraire à la postérité les traits d'un pareil monstre. Mais il est plus que probable

---

[1] Frédégonde ordonna qu'on observât aux funérailles de Clodebert, son fils aîné, les mêmes cérémonies qu'à celles des rois ; tous les seigneurs et toutes les dames y assistèrent en habit de deuil, les cheveux épars et poudrés de cendres. ( *Saint-Foix.* )

Tombeau de Fredegonde

qu'il a voulu rendre le voile que portaient les femmes, et dont elles se couvraient le visage pendant leur veuvage; peut-être aussi les extrémités, qui sont plates aujourd'hui, étaient-elles recouvertes d'un métal précieux, que le temps ou la cupidité ont fait disparaître. Frédégonde, *dit Grégoire de Tours,* est une femme abominable, impie, ennemie de Dieu et des hommes.

Frédégonde, née d'une famille obscure, à Avancourt en Picardie, était d'une beauté rare; elle sut, à force d'intrigues, se placer auprès d'Audouaire, femme de Chilpéric; bientôt elle poussa l'ambition jusqu'à faire répudier la reine pour se mettre dans son lit, dont elle avait déjà partagé la couche.

Chilpéric, poussé par cette femme, répudia Audouaire; mais il épousa Galasuinte. Frédégonde, peut satisfaite de ce second hymen, ne perdit pas de vue son premier projet. Plus elle semblait éloignée du trône, plus son ambition voulait l'y porter. La nouvelle reine fut trouvée morte dans son lit, et, par ce coup, Frédégonde parvint au but où elle aspirait depuis long-temps.

Frédégonde ne put vivre long-temps dans la paix et dans la tranquillité. Bientôt après Chilpéric fut assassiné près Chelles, au retour de la chasse, par un nommé Faucon, aposté, dit-on, par la reine, qui prévint par ce coup le juste ressentiment du roi, qui s'apperçut des particularités de sa femme avec un certain Landri, maire du Palais.[1] Brunehaut, femme de Sigebert, voulant venger la mort de Galasuinte, sa sœur, arma son mari contre Frédégonde, qui fut soutenue par Gontran, ainsi que par le parti qu'elle éleva pour conserver Clotaire II, son fils, alors âgé de quatre ans. Frédégonde marcha en personne à la tête de ses troupes contre Childebert, qui avait déclaré la guerre à son fils.[2] Cette femme extraordinaire mourut en 597, au milieu de ses triomphes et de sa gloire.

----

[1] Le matin le roi, avant son départ pour la chasse, entra doucement dans la chambre de Frédégonde, et, la trouvant déjà à sa toilette, passant derrière elle sans être apperçu, il lui donna un petit coup de houssine; la reine crut que c'était *Landri*, avec lequel elle vivait familièrement, et le nomma par son nom, y ajoutant l'épithète qu'une femme donne ordinairement à son amant : elle apprit au roi par cette imprudence ce qu'il ne savait pas. Le roi sortit brusquement, le dépit et la rage dans le cœur. Le soir même, au retour de la chasse, il reçut deux coups de couteau en descendant de cheval, et mourut sur-le-champ. ( Grégoire de Tours. )

[2] Frédégonde, dans cette circonstance, fit paraître un courage et une habileté au-dessus de son sexe. Le jour de la bataille, elle marcha elle-même à la tête de son armée, dont elle fit la revue près de Braine, allant de rang en rang animer ses soldats à faire leur devoir, et leur montrant son fils, âgé de neuf ou dix ans, dont le salut dépendait du succès de cette journée : et, pour

On compte au nombre de ses victimes Chilpéric son époux, Galasuinte sa femme, Sigebert, Mérovée, Clovis II, et le prélat Prétextat, qu'elle fit assassiner à Rouen, au pied même de l'autel.

Chilpéric avait aussi sa sépulture auprès de celle

---

mieux surprendre l'ennemi, qui était campé à Troucy, près de Soissons, et suppléer en même temps à l'infériorité de ses troupes, elle s'avisa d'un stratagéme qui lui réussit. Elle fit faire un large front à sa cavalerie, ordonnant à chaque cavalier de porter devant soi des branches d'arbres les plus touffues qu'ils purent trouver; et, comme elle avait fait attacher des sonnettes au cou des chevaux, ainsi qu'on avait coutume de faire lorsqu'on les laissait paître dans les bois voisins du camp, cet ordre fut si bien exécuté, que cette armée venant à paraître sur une hauteur, au point du jour, dans le temps qu'on peut à peine discerner les objets, elle fut prise pour un bois par une garde avancée du camp des Austrasiens, qui fut, à la vérité, fort étonnée de voir des arbres dans un endroit qui lui avait paru découvert le soir précédent. Bientôt ce bois commença à s'ébranler, et laissant un passage à l'infanterie qui était derrière, elle tomba avec tant de furie sur le camp des Austrasiens, la plupart endormis, qu'il en demeura trente mille sur la place. Frédégonde, victorieuse, poursuivit les fuyards jusqu'à Reims, mit tout à feu et à sang dans le pays, et revint triomphante à la tête de son armée, chargée d'un butin considérable. Ce fut un double chagrin pour Childebert d'avoir été vaincu par une femme et par un enfant. *( Gesta Francor. Aimoin.)*

de Frédégonde. N'ayant pu soustraire aux dévastations la tombe qui le couvrait, j'ai fait graver la statue de ce prince, telle qu'on la voyoit au portail de Notre-Dame, tenant un violon, pour exprimer sans doute ses talens en poésie. Frédégonde y était aussi représentée telle qu'on la voit dans la gravure; je l'ai jointe au monument dont je viens de parler, pour donner une idée de son costume, qui n'est qu'imparfaitement tracé sur sa tombe, et dont la description suit.

## COSTUMES DES FEMMES.

Le costume des femmes était fort simple; elles n'avaient rien de recherché dans leurs coiffures : leurs cheveux tressés pendaient négligemment sur les épaules, ou étaient retroussés en tresses avec un ruban tortillé autour de ces mêmes tresses; quelquefois elles y introduisaient de l'or ou des pierreries, comme on peut le remarquer aux statues qui restent encore au portail des églises de Provins et de Montereau, dont j'ai déjà parlé. Elles se couvraient la tête d'un voile d'un lin extrêmement fin, ou d'un petit bonnet d'étoffe, brodé en or, tels qu'on en voyait aux statues du portail de l'église Saint-Denis. Le linge dont se servaient les femmes, quoique très-uni, était d'une finesse semblable à nos batistes. Les dentelles n'étaient pas encore

Pl. 24

N.º 428.

Tombeau de Charlemagne.

L. Noir del.                    Guyot Sculp

connues, [1] et les ornemens se gaufraient ; souvent on appliquait une feuille d'or sur l'étoffe, avant d'y poser le fer chaud, pour former la bordure du vêtement. Les robes étaient très-serrées, et les femmes avaient la coquetterie de laisser voir la finesse de leur taille. Ces robes, semblables aux anciennes tuniques, montaient très-haut, et couvraient la gorge. Le manteau était coupé en forme de chape, semblable à celui des hommes, et retenu sur les épaules par un fermail ou bouton d'or. Le drap dont les femmes se servaient pour la fabrique de leur manteau était plus fin et plus léger que celui qui s'employait pour les hommes.

## N.º 428.

### D'AIX-LA-CHAPELLE.

Le tombeau de Charlemagne, érigé à ce conquérant à Aix-la-Chapelle, a été conservé aux arts par les soins du citoyen Dewailly, commissaire du gouvernement, qui l'a fait emballer avec soin, et transporter à Paris. Ce monument de notre histoire doit entrer indubitablement dans la collection des *Monumens Français*, et c'est sans doute par distraction qu'il a été déposé au *Musée central des arts* : lorsque le ministre m'aura autorisé à le

---

[1] L'usage des dentelles ne s'introduisit en France que dans le douzième siècle.

réclamer, il prendra sa place à la suite des morceaux curieux qui précèdent son époque. La sculpture du sarcophage dont je parle est une copie
grossièrement exécutée d'un tombeau antique,
qui représente la dégradation de la nature par la
fable allégorique de Proserpine.

Si j'examine les personnages et les détails qui
concourent à la composition du sujet, je vois Proserpine, enlevée à Cérès par Pluton, et Mercure
conduisant le char du dieu des enfers ; des serpens,
des paniers remplis de fruits, que les sœurs de
l'infortunée versent vers le char du ravisseur, et
des flambeaux qui paraissent éclairer la scène.
D'après toutes ces observations, il me paraît certain que le but que l'on s'est proposé dans ce monument est le tableau des approches de l'hiver, ou
l'entrée de la dégradation de la nature et de la
lumière, à l'équinoxe d'automne ; et l'on sait que
Proserpine, chez les anciens, servait également à
peindre les équinoxes de printemps et d'automne,
et que c'est pour cette raison que les poètes ont
feint qu'elle habitait six mois avec Pluton, le prince
des ténèbres ou des enfers, et six mois avec Cérès,
sa mère. Or, il est plus que démontré que Proserpine et Pluton, allégoriquement employés à la décoration des tombeaux, représentent les ténèbres,
et conséquemment *la mort*. Mercure, qui ouvre la
marche du cortége, est également lié à cette femme

allégorique; elle servait, de concert avec ce dieu,
à retirer les ames des corps dans lesquels elles étaient
engagées.

C'est le moment du rapt de Proserpine qui est
représenté ici, par conséquent le passage de la vie
à la mort. Mercure qui ouvre la marche sera bientôt
uni à la déesse, pour rendre à l'harmonie du grand
tout la partie éthérée de l'être enfermé dans cette
tombe : ainsi le but de l'artiste était sans doute d'exprimer la résurrection.

## COSTUMES.

Sous Charlemagne, les armes éprouvèrent quelque changement. Le moine de Saint-Gal, dans la
vie de ce prince, outre le casque et la cuirasse, lui
donne des manches de mailles en forme de brassarts, des cuissarts de lames de fer, et des bottes de
fer; ce sont probablement des chausses de mailles
semblables à celles que l'on voit dans les monumens
du treizième siècle. Les gens qui l'accompagnaient
étaient vêtus de même, excepté qu'ils n'avaient
point de cuissarts pour monter plus facilement à
cheval. On lit dans un article des capitulaires de
Charlemagne le paragraphe suivant : « Que le comte
ait soin que les armes ne manquent point aux soldats qu'il doit conduire à l'armée, c'est-à-dire,
qu'ils aient une lance, un bouclier, un arc et deux

cordes et douze flèches, qu'ils aient des cuirasses ou des casques. »

Si l'on en croit les ouvrages de Henschenius [1] et de Papebrock [2], Léon III fut le premier pape qui se fit raser le menton, et vers 800 tout le clergé latin, à son imitation, fut sans barbe ; les prêtres seuls de l'église grecque conservèrent la leur.

## N.º 8.

### DE L'ABBAYE SAINT-MARTIN-DES-CHAMPS.

Une vierge en bois, assise dans une espèce de chaise, ayant le petit christ sur ses genoux. Cette statue, dont l'époque du travail est inconnue, peut remonter à l'an 600. J'ai placé dans le piédestal qui porte cette statue un tableau, que l'on croit avoir été fait à Smolensko, en Russie, et auquel je ne puis donner un âge fixe ; il est peint à l'eau d'œuf, sur une pâte de céruse finement broyée, poncée, et dont la préparation paraît être la même qu'observent les doreurs en bois, lorsqu'ils préparent leurs pièces à recevoir l'or.

Ce tableau, très-curieux, représente la vierge tenant le jeune christ dans ses bras ; il porte treize

---

[1] Godefroi Henschenius, jésuite flamand, vivait dans le dernier siècle.

[2] Daniel Papebrock, jésuite d'Anvers, mort à 78 ans, en 1714, a laissé beaucoup d'ouvrages en littérature.

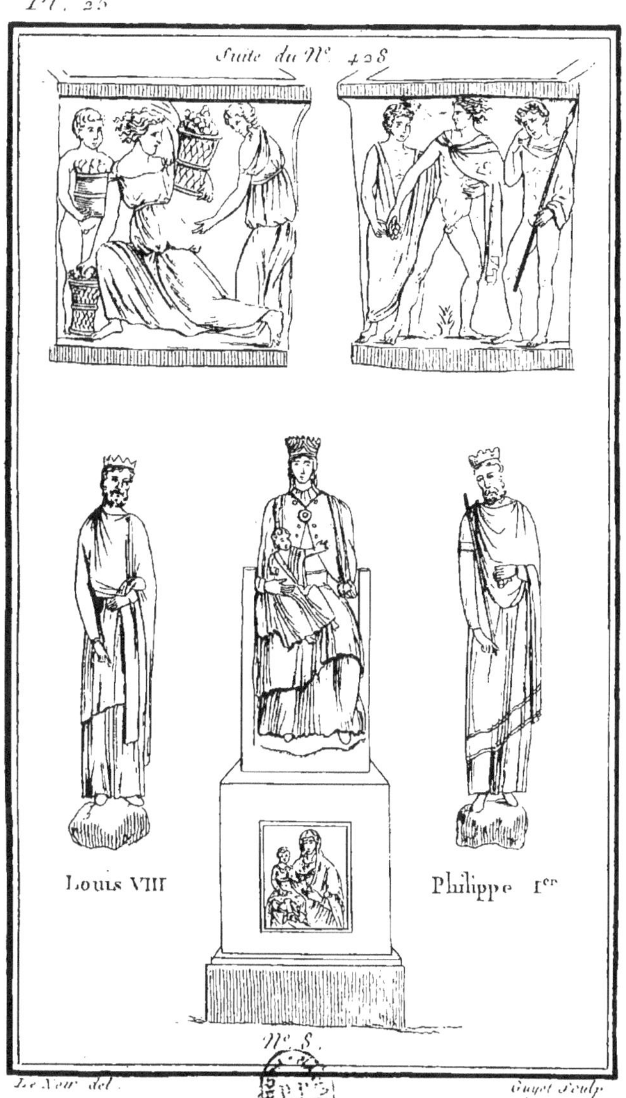


Monumens du 7.e Siecle.

Le Noir del.

Guyot Sculp.

pouces de haut, sur onze pouces de large, et tenait à une plaque d'argent, qui a été enlevée par des commissaires chargés du dépouillement des églises. Il avait été donné à l'abbaye Saint-Germain-des-Prés par Jean Casimir V, roi de Pologne, mort à Nevers, en 1692, qui le détacha de son cabinet pour le déposer dans la sacristie de cette abbaye.

# MONUMENS

## DU TREIZIÈME SIÈCLE.

Si l'on entre dans la salle qui renferme les monumens de ce siècle, on voit des voûtes sur - baissées
en arêtes, et parsemées d'étoiles sur un fond bleu,
portées par de simples piliers grossièrement décorés : ces voûtes se terminent par des rosaces de
ce temps, dont trois représentent des évangélistes,
*(venant de Saint-Victor,)* et les autres, dont
la plus grande variété dans les formes était le chou
et le chardon, sont imitées ; des lampes sépulcrales
en descendent. Les portes et les croisées, de formes
ogives, construites avec les débris d'un monument
du même âge, qui a été ruiné par les malveillans,
dont j'ai recueilli les restes à Saint - Denis, ont été
dirigées selon le goût d'architecture renouvelée des
Arabes, par le célèbre Montreau. On lit au-dessus
des portes l'inscription suivante, en caractère gothique : *Etat des arts dans le treizième siècle.*
Les vitraux portent aussi l'empreinte de ce style ;
je les ai tirés d'un monument qui avait été bâti,
en 1250, par le même Montreau, qui les avait
fait exécuter sous ses yeux. La lumière sombre qui

éclaire ce lieu est encore une imitation du temps; magie par laquelle on maintenait perpétuellement dans un état de faiblesse des êtres que la superstition avait frappés d'effroi. Car j'ai observé que plus on remonte vers les siècles qui se rapprochent du nôtre, plus la lumière s'agrandit dans les monumens publics, comme si la vue du soleil ne pouvait convenir qu'à l'homme instruit.

Pour présenter aux amateurs des arts et de leur histoire la vue d'un siècle aussi éloigné, j'ai cherché à me rendre compte de tous ces détails qui peignent avec les couleurs les plus vraies : recherches que je me suis proposées dans toutes les salles que j'ai créées, et que je me propose de continuer dans celles qui me restent à produire.

Les tombeaux que Louis IX fit ériger à ses prédécesseurs ne sont que des cénotaphes; car il est certain qu'antérieurement à ce prince on plaçait les corps des rois dans une grande pierre creusée, recouverte par une autre pierre simple[1]; et lorsqu'il

---

[1] « Les tombeaux des rois de la première race, depuis Clovis, ne consistaient que dans une grande pierre profondément creusée, et couverte d'une autre en forme de voûte. On ne voyait sur ces pierres ni figure, ni épitaphe. C'était en dedans qu'on gravait quelque inscription, et qu'on prodiguait la magnificence.

« Il paraît que l'on ne commença à mettre des épitaphes sur les tombeaux de nos rois, que sous la seconde

y avait une inscription, on la plaçait au-dedans du sarcophage, pour empêcher de reconnaître le personnage qu'il renfermait, afin de les soustraire, dit Félibien, aux brigands Τυμβωρύχοι, qui violaient alors les sépultures, et qui fouillaient dans les tombeaux pour dépouiller les morts de leurs bijoux ou de leurs vêtemens, avec lesquels on était dans l'usage de les inhumer. L'article 11 de la loi Salique, publiée par Clovis, interdit le feu et l'eau à ceux qui violaient les sépultures; il défend d'avoir aucun commerce avec eux, jusqu'à ce que, suivant la coutume de la nation, ils aient satisfait à la famille du défunt. Suivant Tacite, les Germains couvraient leurs tombeaux de gazons, et nos anciens Français y formaient une espèce de toit, fabriqué simplement de planches, que les riches couvraient de tapis plus ou moins précieux.

---

race. Charlemagne fut inhumé assis. On descendit son corps dans un caveau, après l'avoir embaumé; on l'assit sur un trône d'or. Il était vêtu de ses habits impériaux, par-dessus un cilice. On lui avait ceint sa *joyeuse;* ( c'était le nom de son épée ) sa tête était ornée d'une chaîne d'or, en forme de diadème : il avait un globe d'or dans une main; l'autre main était posée sur le livre des Évangiles, qu'on avait placé sur ses genoux. Son sceptre d'or et son bouclier étaient appendus devant lui à la muraille. On ferma et on scella le caveau, après l'avoir rempli de parfums, d'aromates et de beaucoup de richesses. » *( Saint-Foix.)*

Cenotaphes des Rois de la 1.ᵉ et 2.ᵉ Race.

## PREMIÈRE RACE.

### N.º 9.

#### DE SAINTE-GENEVIÈVE.

Une tombe en pierre de liais, représentant en relief Clovis Iᵉʳ, mort à Paris, qu'il avait choisi pour sa résidence, et dont il avait fait la capitale de son royaume, en 511, à l'âge de 45 ans. Il fut enterré dans l'église de Saint-Pierre et Saint-Paul, aujourd'hui Sainte-Geneviève, qu'il fit bâtir.

Il tient à sa main droite le bâton *hypathique* ou *consulaire*, dignité qu'il reçut d'Anastase, empereur d'Orient. Sa tête est décorée d'un diadême semblable à ceux que portaient les princes grecs : il est revêtu d'un manteau ouvert sur le devant, et d'une coupe différente de chlamyde dont se couvraient communément les rois ses prédécesseurs; sa couleur était pourpre. Le petit sac ou la bourse, connue sous le nom d'*escarcelle*, que l'on remarque à sa ceinture, servait à mettre les pièces de monnaie destinées aux aumônes. Il ne faut pas confondre cette petite bourse avec la *sporta* que l'on retrouve aussi sur certains monumens. Philippe-Auguste, animé d'un sentiment vraiment pieux, fit fabriquer des bourses pour le voyage de la Palestine, afin d'y renfermer les saintes reliques qu'il espérait recueillir ; il se soumit lui-même à cette règle, et reçut des mains de Hugues V, abbé de Saint-Denis, avec l'oriflamme et le bourdon, la *sporta peregrinationis* , ( corbeille de voyage ) que depuis nous avons appelée *cabas*. A son imitation les princes et les chevaliers qui se croisèrent en firent fabriquer pour eux, qu'ils enrichirent de leurs *armes*.

Ce fut sous son règne que l'on rapporta des Indes la manière d'élever des vers-à-soie.

Cette sculpture ne date point du temps de Clovis, et paraît être une imitation des anciens monumens; elle porte un degré d'avancement dans l'art, qui n'était point encore aussi perfectionné à cette époque.

Divers auteurs attestent que le temple de Sainte-Geneviève, après avoir été ravagé en 846 et en 892, fut restauré par les ordres de Robert, dit le *Sage et le Dévot*, qui y avait fait bâtir un cloître, démoli depuis sous François Ier.

Le tombeau dont je parle a sans doute été exécuté à la suite des restaurations ordonnées par Robert.

## N.º 10.

### DE SAINT-DENIS.

Cénotaphe en pierre, sur lequel est couchée, en pierre de liais, la statue de Clovis II, mort en 656.

## SECONDE RACE.

### N.º 11.

#### DU MÊME LIEU.

Cénotaphe en pierre, sur lequel est couchée la statue, en pierre de liais, de Charles Martel, maire du Palais, sous les derniers rois de la première race, et père de Pepin, dit *le Bref*, chef de la seconde race, mort en 741.

### N.º 12.

#### DU MÊME LIEU.

Cénotaphe en pierre, sur lequel sont couchées les statues de Pepin, mort en 768, et de Berthe, sa femme, morte en 783.

### N.º 13.

#### DU MÊME LIEU.

Cénotaphe en pierre, sur lequel sont posées les statues de Carloman, roi d'Austrasie, fils de Pepin et d'Ermentrude, morte en 869, femme de Charles-le-Chauve, mort en 877.

Le monument qui avait été érigé à Charles-le-Chauve ayant été détruit par vétusté, Louis IX lui fit ériger celui que l'on voit ici.

## N.º 14.

### DU MÊME LIEU.

Cénotaphe en pierre, sur lequel sont couchées les statues de Louis, fils de Louis-le-Bègue, mort en 882, et de Carloman son frère, mort en 884.

## N.º 15.

### DU MÊME LIEU.

Cénotaphe en pierre, sur lequel est couchée la statue d'Eudes, mort en 898.

## TROISIÈME RACE.

## N.º 16.

### DU MÊME LIEU.

Cénotaphe en pierre, sur lequel est couchée la statue de Hugues Capet, chef de la troisième race, mort en 996.

### COSTUMES.

Depuis Charles-le-Chauve jusqu'à Hugues Capet, et depuis ce dernier jusqu'à Louis VIII, on porta la barbe et les cheveux fort courts, et même le peuple ne portait plus que les moustaches. Ce fut sous Louis VIII que l'on commença à se raser, comme on le verra par la suite.

Jean XII, pape, déposé en 963, par un concile qu'il avait provoqué, et dans lequel on lui reprocha

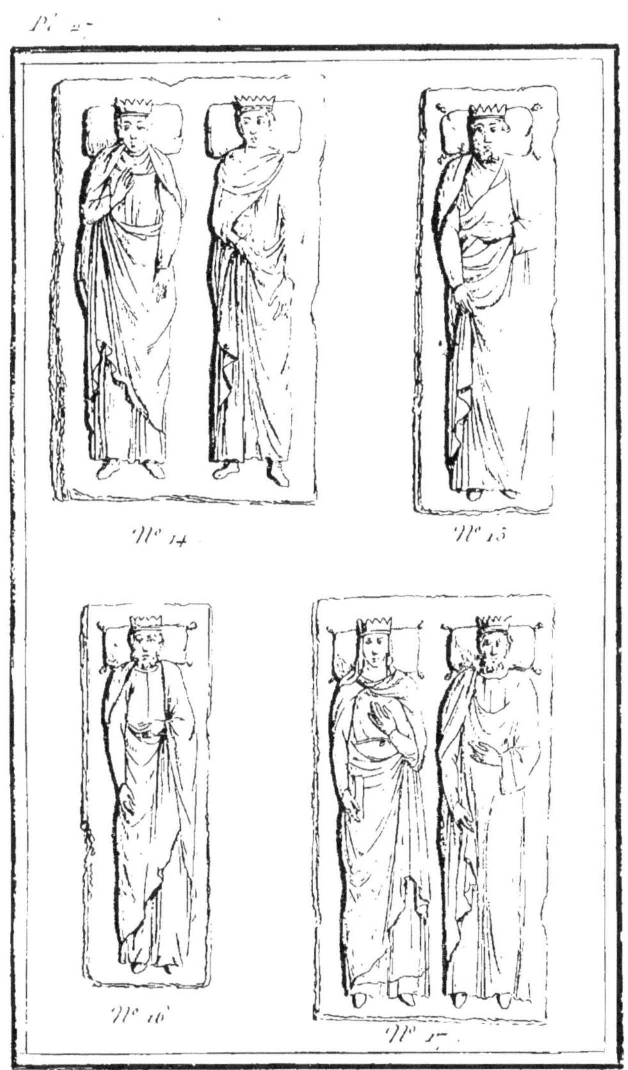


Cenotaphes des Rois de la 2.e et 3.e Race.

ses crimes, avait repris *la barbe*. Cette bizarrerie de prendre ou de quitter ainsi la barbe de la part des papes, excita un concile tenu à Limoges, en 1031, dans lequel on déclara qu'un prêtre pouvait se faire *raser* ou *garder la barbe à volonté;* cependant ce même concile parle en faveur des premiers, puisqu'il est dit dans un autre paragraphe *que les prêtres rasés seront distingués des laïques par leur extérieur.* Grégoire VII fit tenir un concile en 1073, où il défend formellement aux clercs de porter la barbe.

Les habits de ville de l'un et de l'autre sexe étaient, à fort peu de chose près, les mêmes que sous la seconde race, à l'exception que les rois Capétiens quittèrent la chlamyde pour prendre le manteau court.

L'habillement militaire était fort court et serré; au lieu de cuirasse piquée, le soldat portait une espèce de tunique maillée, avec les bottines pareilles, armure extrêmement pesante, que nos Français empruntèrent des Normands. Ils se couvraient la tête d'un petit bonnet en forme de calotte, sur lequel ils posaient le chaperon. ( *Voyez Mont-Faucon.* )

N.º 17.

DU MÊME LIEU.

Cénotaphe en pierre, sur lequel sont posées les

statues de Robert-le-Pieux, mort en 1031, et de Constance d'Arles sa femme, morte en 1032.

En 1026, Gui, religieux d'Arezzo, inventa la musique à plusieurs tons, régla la gamme, et fixa à cinq le nombre des portées.

### N.<sup>os</sup> 18 et 19.

#### DU MÊME LIEU.

Cénotaphe en pierre, sur lequel est couchée 1.º la statue de Philippe de France, fils aîné de Louis VI, dit *le Gros,* couronné du vivant de son père, auquel il ne survécut point, mort d'une chûte de cheval en 1131 ; 2.º la statue de Constance de Castille, femme de Louis VII, dit *le Jeune,* morte en 1160.

#### COSTUMES.

Sous Louis VIII, les femmes portaient de longues queues à leur vêtement de dessus, des collets renversés et une ceinture dorée. Blanche, sa femme, fit défendre aux filles publiques de porter ces marques de distinction, qui appartenaient aux femmes mariées. Cette loi fut promulguée parce que cette femme vertueuse fut obligée de rendre, à la messe, le baiser de paix à une fille publique qui était décemment vêtue ; ce qui a donné lieu à un proverbe : *Bonne renommée vaut mieux que ceinture dorée.*

Pl. 28

N.os 19 et 13

N.º 20

Sergens d'Armes.

Bas-Relief gravé en Creux.

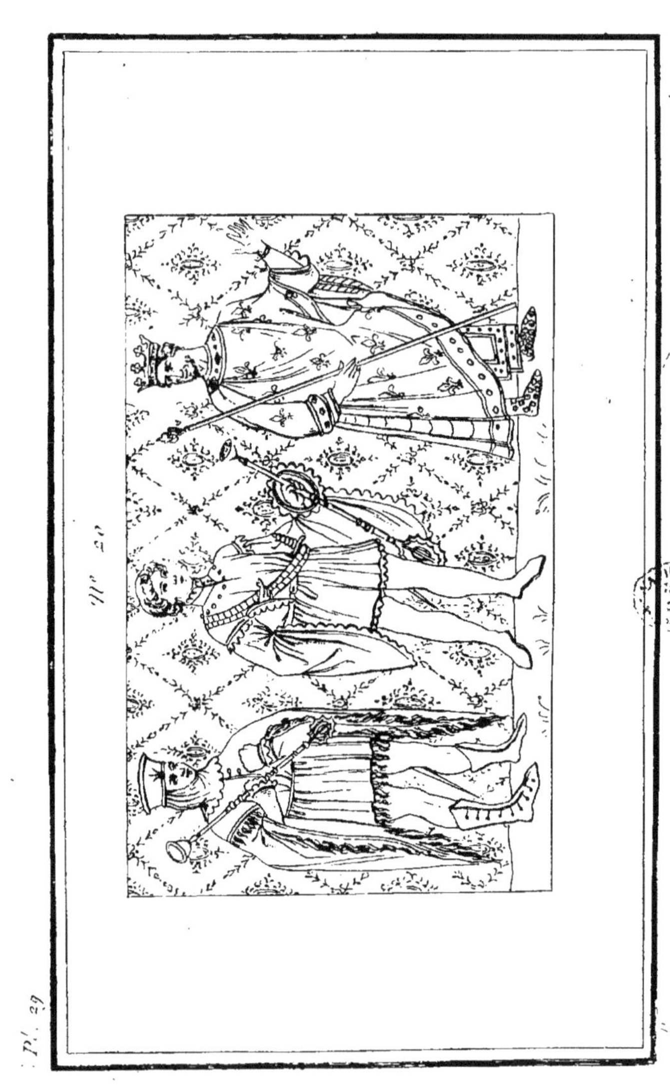

Pl. 29

Bas-Relief gravé en Creux.

## N.º 20.

### DE LA CULTURE-SAINTE-CATHERINE.

Deux pierres gravées en creux, représentant la fondation du monastère de Sainte - Catherine du Val des Écoliers, en 1200, par les sergens d'armes, après la victoire qu'ils remportèrent au pont de Bovines. On y voit ces guerriers, Louis IX en habit de cour, et les religieux de ce monastère, tous vêtus à la manière du temps.

Voici les inscriptions qui sont gravées au bas de ces pierres :

*Les sergens d'armes pour le tems gardoient ledit pont, et voucrent que le Dieu leur donnoit vittoire, ils fonderoient une église en l'honneur de madame Sainte-Katherine. Et ainsi fu-il.*

### AUTRE.

*A la priere des sergens d'armes, Monsieur Saint-Loys fonda cette église, et y mist la premiere pierre : ce fut pour la joie de la vittoire qui fut au pont de Bovines, l'an M. CC. et XIIII.*

Les sergens d'armes, *servientes amorum*, furent institués par Philippe Auguste pour la garde de sa personne, menacée par le vieux de la Montagne. Ils étaient cuirassés à la manière du temps; leurs armes étaient la masse d'armes, l'arc et les flèches : *ils porteront toujours leurs carquois pleins de carreaux ;* les carreaux étaient une espèce de flèches dont le fer était carré. On leur donne aussi des lances. La coiffure de tête était le cabasset ou le casque léger, sur lequel on remarque dans le bas-relief un voile jeté en arrière, connu depuis sous le nom de *cornette ;* lorsqu'ils allaient à la guerre ils quittaient le cabasset pour prendre le héaume. L'un des deux guerriers que l'on voit en présence de Louis IX, dans l'autre bas-relief, paraît avoir le costume qu'ils observaient dans les cérémonies. Le premier a une casaque à grandes manches avec une chaîne qui lui descend sur la poitrine ; il a la tête découverte : l'autre est enveloppé d'un grand manteau à manches pendantes, fourré à long poil ; il a la tête couverte d'un bonnet.

## N°. 21.

### DE SAINT-DENIS, ORIGINAIREMENT DE L'ABBAYE DE ROYAUMONT.

Une tombe en bois, plaquée en cuivre émaillé.

Cette tombe couvrait Louis de France, le premier des enfans de Louis IX, mort vers 1236, âgé d'un an.

## N.° 22.

### DE L'ABBAYE DE ROYAUMONT.

Cénotaphe en pierre, sur lequel sont posées les

Tombeau des enfans de Louis IX.

statues en pierre de liais de Louis de France, mort en 1260, à l'âge de 26 ans ; et de Jean son frère, mort en 1247, tous deux fils de Louis IX.

En 1253 , le 1er décembre, mourut la reine Blanche, régente du royaume, pendant le voyage du roi en Palestine ; elle fut enterrée à l'abbaye de Maubuisson, près Pontoise. Louis, fils aîné du monarque, prit les rênes du gouvernement, quoiqu'il n'eût que douze ans, et que les lois générales du royaume ne permissent de tenir fief, ni gouvernement, qu'à vingt-un ans.

Louis IX, après la mort de sa mère, se prépara à revenir en France. Il arriva aux îles d'Hières, en 1254, après bien des fatigues et des malheurs, qu'il surmonta avec beaucoup de courage et de vertu. Il fut reçu la même année à Paris ; il y excita une grande joie. (Voyez *du Tillet.*)

Les bas - reliefs sculptés autour du cénotaphe représentent les obsèques [1] de Louis, que sa bonté

---

[1] Voici ce que rapporte Saint - Foix sur les obsèques de cet enfant. « Le corps du fils de Saint-Louis, mort à l'âge de 16 ans, fut d'abord porté à Saint-Denis, et de là à l'abbaye de Royaumont, où il fut enterré. Les plus grands seigneurs du royaume portèrent alternativement le cercueil sur leurs épaules ; et Henri III, roi d'Angleterre, qui était alors à Paris, le porta lui-même pendant assez long-temps , comme feudataire de la couronne. »

et sa douceur avaient généralement fait regretter. On y remarque les costumes civils de ce temps.

N.º 33.

### DES QUINZE-VINGTS, RUE HONORÉ.

La statue, en pierre de liais, de Louis IX, mort en 1270, en Afrique, près Tunis.

Cette statue, quoique très-bien exécutée pour le temps, n'est pas aussi estimée que l'était celle placée au portail des Cordeliers.

Louis IX rendit des lois contre les blasphémateurs, défendit les duels dans les lieux de sa justice, par un édit qu'il rendit en 1260 ; il considérait le duel comme un acte de *cruauté* et de *démence*. Sous des formes pieuses, cet homme vertueux, doué d'un esprit simple, possédait tous les principes de la vraie philosophie. Suivant le sentiment du Père Daniel et du président Hesnault, Louis IX fut un des plus grands princes et des plus singuliers qui aient jamais paru ; compatissant pour tout le monde, comme s'il n'avait été que malheureux ; libéral, sans cesser d'avoir une sage économie dans ses finances ; intrépide dans les combats, sans fureur, et toujours courageux pour les grands intérêts. Son ame, pour être grande, avait le soin d'être stimulée par la justice ou l'amour du peuple. Hors de cette situation, il rentrait dans la simplicité et la timidité qu'il apportait communément dans son intérieur ; ses domestiques devenaient ses maîtres ; sa mère le gouvernait, et les pratiques de la dévotion remplissaient ses journées. Étant extrêmement malade à Fontainebleau, il fit venir son fils aîné, et lui dit [1] : « Beau filz, je te pry que tu te faces « amer au peuple de ton royaume ; car vraiment « je aymeroye mieux que ung Escossoys [2] vint « d'Écosse ou quelqu'autre loingtain estrangier qui « gouvernast le peuple du royaume bien et loiau- « ment, que tu te gouvernasses mal'a point et « en reproche. » ( Joinville, tome I.er ) C'est à Louis IV, suivant cet auteur, que l'on doit l'institution des maîtres des requêtes.

Henri de Hermondaville, premier chirurgien de Louis IX, se rendit très-célèbre dans son art ; il ouvrit une école à Montpellier et à Paris, vers 1305, et s'y distingua.

Eudes de Montreuil, architecte célèbre, est celui qui accompagna Louis IX dans son voyage de la Terre Sainte, où il fortifia le port et la ville de Japhe, etc. ; il mourut à Paris, en 1289, et fut enterré aux Cordeliers. Sa tombe, que j'ai vue, était couverte d'une lame de cuivre, où il était re-

---

[1] Son fils aîné naquit l'an 1244, et mourut âgé de 16 ans, l'an 1260.

[2] Louis IX parle ici des Écossais comme d'un peuple très-éloigné de la France.

présenté tenant les instrumens de son art ; elle a été fondue. Plusieurs écrivains l'ont confondu avec Pierre de Montereau, dont j'ai déjà eu l'occasion de parler.

### COSTUMES.

Nous avons déjà parlé de la cotte d'armes, qui était le vêtement ordinaire des anciens Gaulois, qu'ils nommaient sagum, *saye* ou *sayon*, et dont la forme se rapproche de celle que portent nos diacres dans leurs fonctions; mais comme ce vêtement de dessus a éprouvé quelques variations, nous allons les faire connaître.

Les Français, dans les commencemens, portaient une sorte de vêtement ou de manteau qui leur était particulier, et qui, étant posé sur les épaules, pendait jusques à terre par-devant et par-derrière, et qui, sur les côtés, venait à peine aux genoux ; mais lorsqu'ils passèrent dans les Gaules ils quittèrent cette sorte d'habit, et prirent la cotte d'armes ou le sayon des Gaulois, qui passaient ce vêtement par-dessus leur armure, à l'imitation des Grecs, qui, selon Plutarque, servait à reconnaître les chevaliers. Ce vêtement, qui se terminait à la naissance des genoux, leur parut plus convenable à la profession qu'ils faisaient de la guerre, et surtout moins embarrassant dans les combats. Quelques chevaliers, pour cacher des défectuosités du corps, commencèrent par alonger leurs cottes d'armes ; et

les firent descendre jusqu'à mi-jambes. La nouveauté plaît; et, dès ce moment, les chevaliers, en
général, imitèrent ce que la difformité d'un seul
avait fait naître naturellement: tous alongèrent leur
cotte d'armes, de telle sorte qu'ils la firent descendre
jusqu'aux talons. Cette sorte de vêtement étant presque le seul apparent, puisqu'il couvrait les autres,
où les seigneurs, les barons et les chevaliers pus-
sent faire éclater leur magnificence, ils le portaient
assez communément en drap d'or et d'argent ,
garni de riches pannes, ou de fourrures d'hermines,
de martres zibelines, de gris, de vair, etc. Ce qui
est parfaitement exprimé par Albert , chanoine
d'Aix-la-Chapelle, dans la description qu'il nous a
donnée des cérémonies observées par Godefroy de
Bouillon, et par les autres barons français, lorsqu'ils se présentèrent devant l'empereur Alexis de
Comène ; il dit positivement qu'ils parurent devant
lui en grande splendeur, portant un vêtement d'un
tissu d'or, garni d'hermine, de martre, de gris et
de vair, vêtement à l'usage des princes français.
On porta jusqu'à un tel point le goût de la richesse
et de la recherche dans les vêtemens, qu'en 1190
Philippe-Auguste défendit, dans ses ordonnances
sur la milice, de porter des habits d'or, d'argent,
d'écarlate, de peaux de vair, de gris et d'hermine,
dont la dépense devenait excessive pour le militaire.
Cet ordre , dit Joinville, fut suivi par Louis IX,

qui, en ses voyages d'outre-mer, s'abstint lui-même de porter l'écarlate, le vair et l'hermine. « Qu'on- « ques puis en ses abits ne voulu porter ne menu- « vair, ne gris, ne escarlate, ne esties (*étriers*) et « esperons dores. » Et cet historien assure que, tant qu'il fut outre-mer avec le saint roi, il n'y vit pas une seule cotte brodée. Voici la description qu'il donne du vêtement que porta ce prince après la reddition de Damiette : « Mais convient au « saint roi de gesir par six jours sur les matelaz, « jusques a ce que nous fussions à Acre. Et n'avait « le roi nulz abillemens, que deux robbes longues « a manches que le Souldan luy avoit fait tailler, « qui estaient de samys noir fourrées de vair et de « gris, et y avoist grand foisson de boutons d'or. »

## N.º 24.

### DE SAINT-DENIS.

Sur le même cénotaphe en marbre noir, sont couchées les statues de Philippe III, dit *le Hardi,* mort en 1286, et d'Isabelle d'Aragon, sa femme, morte à Cozenza, en 1271, de la suite d'une chûte de cheval.

On voit autour du cénotaphe l'inscription sui-vante, incrustée en marbre blanc :

*D'Ysabelle l'âme ait paradis, dont le corps gist sous ceste ymage fame, le jour de Saint-Agnès seconde, l'an mil cc. dis 7.*

Statues de Louis IX et de Philippe son fils.

Philippe, après avoir accordé la paix au roi de Tunis, revint en France, suivi des ossemens du roi son père, de la reine Isabelle sa femme, et du comte de Nevers son frère. Ce prince, l'exemple de la piété filiale, fit faire des obsèques magnifiques à son père; il le porta lui-même, pieds nus, à Saint-Denis, chargé sur ses épaules. Les monumens qui étaient placés de distance en distance sur la route de Paris à Saint-Denis, furent élevés de son temps, pour consacrer à la postérité le souvenir de ce dévouement religieux. Ils indiquaient les lieux où ce vertueux fils s'était reposé pendant le convoi.[1]

Philippe III encouragea les artistes; il fut le premier qui affecta des récompenses honorables aux talens. ( Voyez le n.º 37. )

## N.º 25.

### DES CORDELIERS DE PARIS.

La statue, en marbre, de Pierre d'Alençon, fils de Louis IX, mort en 1283.

### COSTUMES.

Cette figure, sans barbe, selon l'usage du temps,

---

[1] Les révolutionnaires ont détruit ces espèces de tours, qui s'élevaient à 40 pieds de terre; elles contenaient les statues, de grandeur humaine, de Louis IX, du comte de Nevers, de Philippe III, et celle de Robert, comte de Clermont.

comme nous l'avons démontré plus haut, montre le complément de l'habit de chevalier dont l'institution remonte à Charlemagne. Elle porte le haubert avec son chaperon de mailles, jété en arrière sur les épaules; les manches, les chausses de mailles et le gambson.[1] Dans l'action, le chaperon enveloppait la tête du chevalier[2], qui le jetait par derrière après avoir ôté son héaume, lorsqu'il voulait se rafraîchir sans ôter son harnois. Le haubert était la principale arme défensive, faite pour résister à la lance; elle appartenait exclusivement aux chevaliers et à ceux qui avaient *fief de haubert.*[3] L'usage de cette arme se prolongea jusque sous Philippe de Valois, mort en 1350, et l'on substitua au haubert une armure toute de fer. ( Voyez la statue de Charles d'Alençon, n.º 46; celle de Duguesclin, n.º 59, et les autres du même temps, que j'ai réunies dans ce Musée. )

---

[1] Le gambson était un vêtement contre-pointé, garni de bourre ou de laine, entrelacée et battue avec du vinaigre, que Pline, livre VIII, chap. 48, dit résister au fer.

[2] Voyez, dans ce Musée, les vitraux des deux extrémités de la salle du treizième siècle. Ces vitraux ont été fabriqués en 1200.

[3] Il fallait avoir 21 ans passés pour ceindre le haubert. Les aspirans, avant d'être faits chevaliers, portaient dans les combats les armes des chevaliers, à l'exception du haubert.

Le vêtement de l'écuyer est semblable à celui du chevalier, à l'exception qu'il ne pouvait se vêtir du haubert, ni porter les manches, ni les chausses de mailles. « Item, le harnois de l'écuyer sera tout « pareil à celui du chevalier, excepté qu'il ne doit « avoir nulle chausse de mailles, ne coëffettes de « mailles sur le bacinet[1], mais doit avoir un cha- « peau de Montauban, et si ne doit avoir nulles « bracheres, (brassarts ou branches de mailles ) « et des autres choses se peut armer comme un « chevalier. »

Le cheval était houssé et caparaçonné de soie aux armes et blasons du chevalier, et pour la guerre, de cuir bouilli ou de bandes de fer, tels qu'on en voit représentés sur les vitraux de l'abbaye de Saint-Denis, faits du temps de Suger. Les chevaliers portaient aussi des éperons dorés et à molettes, aussi larges que la main.

L'on croit que Serlon d'Abon, évêque de Séez,

---

[1] *Bacinet,* chapeau de fer ou casque léger, sans visière et sans gorgerin : à la guerre et dans les tournois les chevaliers portaient le héaume, qu'ils exhaussaient ordinairement d'un cimier à leur goût. Le comte de Boulogne, à la bataille de Bovines, fit ajouter à son héaume des cornes faites de côtes de baleine. Les rois portaient des couronnes sur leur casque à la place du cimier. ( Voyez les bas-reliefs du tombeau de François Ier, qui sont dans ce Musée.)

fut cause que les laïques, à l'imitation des prêtres, coupèrent aussi leur barbe. Voici ce que les historiens disent à ce sujet. Le jour de Pâques de 1105, Abon prêcha contre la barbe devant Henri Ier, roi d'Angleterre, qui se fit raser devant toute sa cour, à l'issue du sermon par l'évêque, qui de suite coupa la barbe de tous les assistans avec des ciseaux qu'il avait pris par prévoyance.

Peu de temps après Pierre Lombard [1], évêque de Paris, alla trouver Louis-le-Jeune, (dit le Pieux) et après lui avoir fait de vifs reproches du crime qu'il avait commis envers trois mille cinq cents Champenois, qu'il avait fait brûler dans l'église de Vitry, où ils s'étaient réfugiés, il détermina ce prince à se laisser raser le menton en expiation de son crime. Lombard coupa lui-même la *barbe* au monarque repentant, et de ce moment le peuple, à l'imitation des rois et des princes, cessa de porter la barbe, qui ne fut reprise que sous François Ier.

## N.º 26.

### DES JACOBINS, RUE JACQUES.

Statue couchée, en marbre blanc, de Charles

---

[1] Le tombeau de Pierre Lombard, qui était à Saint-Marcel, fut ouvert en 1793, et l'on trouva le corps couvert de ses habits pontificaux, ayant à ses pieds des souliers brodés, montés sur des semelles de liége ; ces restes précieux furent pillés.

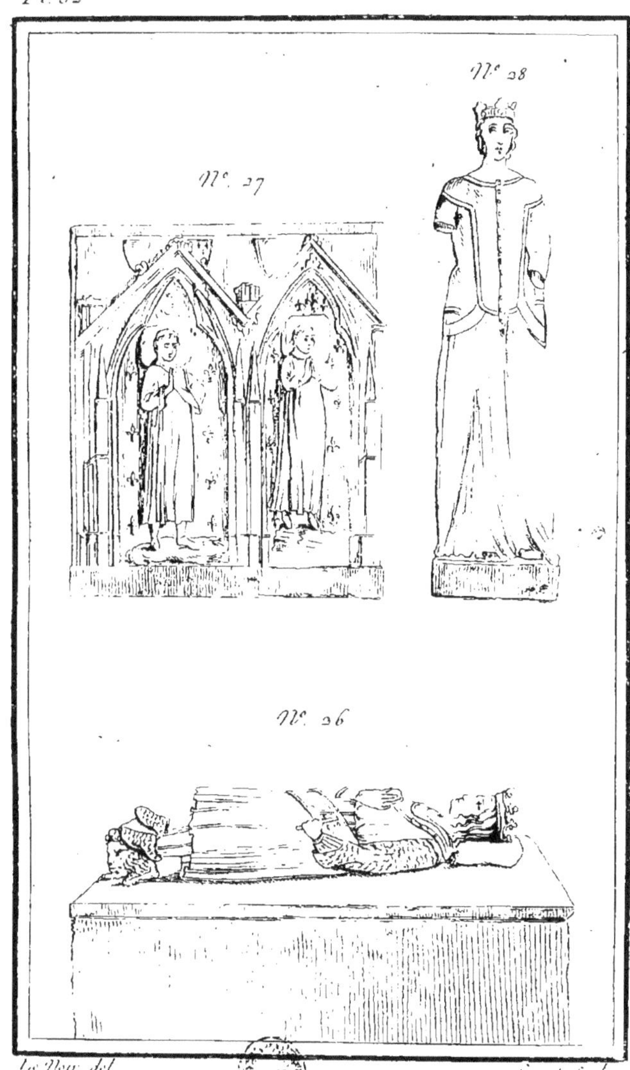



Statues de Charles de France et de Margueritte de Provence.

de France, frère de Louis IX, mort roi de Sicile et de la Pouille, en 1285, âgé de 65 ans.

Il avait été placé sur le trône de Sicile en 1266, par le pape Clément IV. Sa mauvaise conduite envers ses sujets occasionna leur révolte et le massacre des Français dans cette île, le 30 mars 1277, le lendemain de Pâques ; massacre connu sous le nom de *Vêpres Siciliennes*.

Il s'était fait couronner roi de Jérusalem dans cette même année.

Voici son épitaphe telle qu'elle est figurée sur le monument :

*Le ceur du grand roi Charles, qui conquist Sicile* [1]
*qui fut freres de monsieur Saint-Loys roi de France.*
*Et li fit faire cette tombe la reine Clemence sa niece.*
*Fut enterré l'an de grace MCCCXXVI. Séant le cha-*
*pitre général des freres precheurs a Paris a Pentecoste.*

Charles, après s'être livré à toutes sortes de cruautés, mourut en moine à Foggia, le 7 janvier. Son corps fut transporté à Naples, dans l'église

---

[1] Ce mot est si singulièrement gravé sur ce marbre, que les auteurs qui ont parlé de ce monument l'ont écrit de deux manières ; les uns ont lu les *Isles*, et les autres *Sicile*. Si je consulte un ouvrage publié en 1588, qui parle de cette épitaphe, j'y retrouve le mot Sicile, et je lis également dans l'Art de vérifier les dates, *Qui conquit Sicile*. Voici comme le mot est figuré sur le marbre : *Qui conquist Sezile*.

cathédrale, et il fut inhumé dans un superbe mausolée que sa femme lui avait fait élever à la droite de l'église. Son cœur fut apporté à Paris, et déposé dans l'église des religieux Dominicains de la rue Saint-Jacques, sous le marbre dont on voit ici le dessin. Charles, représenté couché sur la tombe, est vêtu d'une cotte de mailles, qui est recouverte d'une cotte d'armes très-longue, dépassant les genoux d'environ quatre pouces, et serrée avec une ceinture. Ses pieds sont couverts de chaussettes de mailles, et ses jambes revêtues de bottines de fer. Il tient son épée de la main droite , et de l'autre un cœur, qu'il presse contre sa poitrine. Ses cheveux sont courts et ronds, suivant la mode de ce temps, introduite sous Louis VIII, suivant Mézerai. Voici ce qu'il dit : « Sous Louis VIII, les « jeunes seigneurs de la cour portoient les cheveux « longs, frisés et tressés. Un jour, plusieurs jeunes « seigneurs s'étant présentés ainsi coiffés, pour re- « cevoir la communion, Godefroy, évêque d'A- « miens, les repoussa, disant : Qu'il siéyoit mal à « des chrétiens de se présenter à la sainte table « dans l'accoutrement de femmes désolées. Ce « refus les étonna si fort, et leur causa tant de « confusion, qu'ils se coupèrent les cheveux eux- « mêmes. »

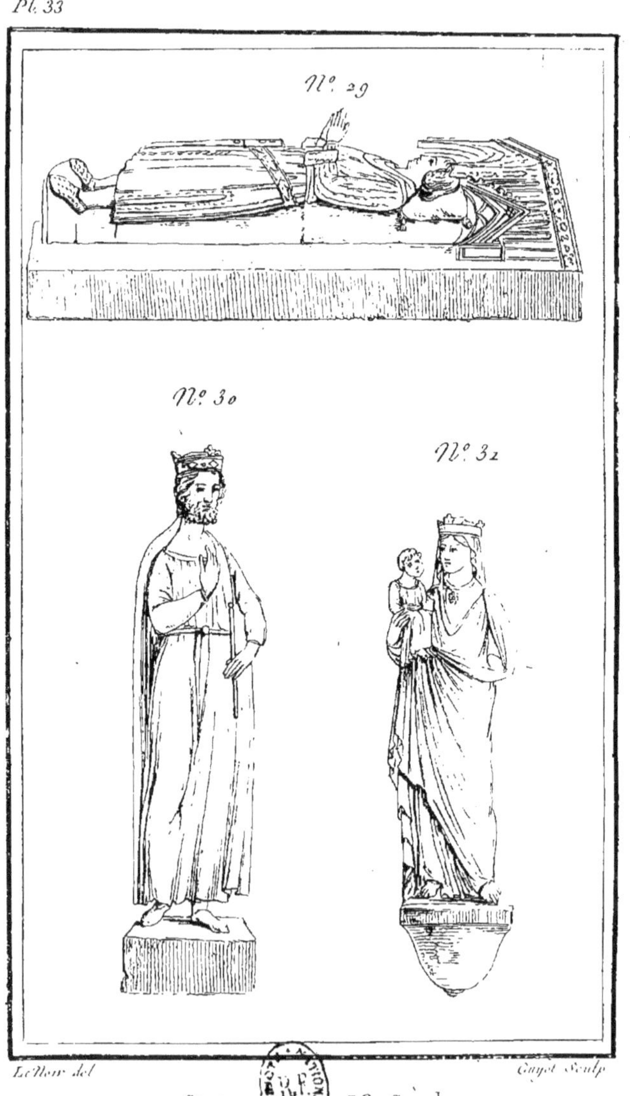


Statues du 13.e Siecle.

## N.º 27.

### DE L'ABBAYE DE ROYAUMONT.

La tombe en pierre, de Louis, fils du comte d'Alençon, fils de Louis IX ; et de Philippe d'Artois, morts en 1291.

Cette tombe, ornée des figures de ces jeunes princes, et d'une inscription en relief, prise dans la pierre même, est curieuse par son genre de travail. Elle a été très-mutilée lors de la révolution.

## N.º 28.

### DES QUINZE-VINGTS, RUE HONORÉ.

La statue, en pierre de liais, de Marguerite de Provence, femme de Louis IX, morte en 1295.

Lors de la démolition de cet hôpital, qui eut lieu en 1781, cette statue, ainsi que celle de Louis IX, furent déposées dans la salle des antiques au Louvre.

## N.º 29.

### DES JACOBINS, RUE JACQUES.

La statue en marbre, et couchée, de Robert, comte de Clermont, seigneur de Bourbon, premier du nom, sixième fils de Louis IX, mort le 11 février 1317. Son père fit venir de Rome Humbert, général des Dominicains, pour le tenir sur les fonts de baptême, qui le nomma *Robert,* en mémoire de Robert d'Artois, son oncle, tué à la bataille de la Massoure, le 9 février 1249.

Robert reçut de Louis IX le comté de Clermont, en 1259. Treize ans après, il accompagna le roi Philippe, son frère, dans son expédition contre Roger Bernard, comte de Foix. La même année, il épousa Béatrix, fille de Jean de Bourgogne, seigneur de Charolais, et d'Agnès de Bourbon.

Le prince de Salerne étant arrivé à Paris en 1279, le roi fit faire en son honneur un tournoi, dans lequel Robert fut blessé de plusieurs coups à la tête, qui aliénèrent tellement son esprit, qu'il perdit toute espèce de sensibilité. Il fut un des quatre princes qui portèrent à Saint-Denis le corps de Louis IX sur leurs épaules. *J'espère*, disait Charles-le-Bel, en parlant de Robert, *que les descendans du nouveau duc contribueront, par leur valeur, à maintenir la dignité de la couronne.* Sa femme Béatrix mourut 17 ans avant lui ; son tombeau se voyait dans l'église des Cordeliers du prieuré de Sauvigny, en Champagne, où elle a été inhumée.

On a fait plusieurs épitaphes en son honneur ; la première, que je donne ici, est celle qui est gravée autour de la tombe qui le couvrait :

*Chy-gist le fils Mos S.-Loys jadis roi de France c'est a savoir M. Robert comte de Clermont seigneur de Bourbon qui trépassa le septieme jour de fevrier et fut le lundi après la Purification Notre Dame. Priez Dieu pour l'ame de....* Ici il y a une lacune; je pense que c'est l'*y* qu'il faudrait.

Celle - ci , qui était placée derrière sa tête, et gravée sur un marbre noir, a été brisée:

*Cy-gist Messire Robert, comte de Clermont seigneur de Bourbon , qui fut fils de monsieur Saint Loys roi de France, qui trépassa le VII jour de fevrier l'an de grace MCCCXVII. Priez que Dieu ait son ame. Amen.*

Autre, de la composition de Santeuil :

*In pias et illustres exuvias serenissimi principis Roberti, comitis de Clermont, Sancti Ludovici regis, Francorum filii, regiæ Borboniorum, primævæ stirpis.*

EPITAPHIUM.

*Hic stirpis Borbonidum, hic primus de nomine princeps,*
*Conditur : hic tumuli, velut incunabula regum.*
*Huc veniant proni regali e stirpe nepotes ,*
*Borbonii. Hic regnant invito funere manes.*

Voici la traduction de cette épitaphe , par le Père la Place, religieux de la maison, qui l'avait fait graver sur le même marbre :

Le premier des Bourbons , source d'un nom auguste ,
Repose en ce tombeau , berceau des plus grands rois.
Princes , venez lui rendre un hommage humble et juste;
Bourbon , malgré la mort , ici donne des lois.

L'institution des tournois est très-ancienne, quoique plusieurs auteurs s'accordent à en donner l'invention à Geoffroy de Preuilly, en 1066; mais il paraît certain que ce baron ne fit que renouveler à cette époque les réglemens de cet exercice, en y ajoutant de nouvelles manœuvres.

Ce genre d'amusement était particulièrement affectionné par la noblesse, en temps de paix. On s'y exerçait à manier la lance et l'épée, à bien se servir du bouclier, et principalement à se tenir ferme à cheval, et à soutenir les plus violens assauts sans se laisser désarçonner.

Les chevaliers qui *tournoyaient* étaient tellement équipés de toutes pièces, qu'ils étaient invulnérables ; aussi avaient-ils besoin d'une grande adresse pour se maintenir à cheval, car une fois qu'ils étaient renversés à terre ils ne pouvaient plus se relever, et ils étaient en danger d'être foulés par les pieds de leurs propres chevaux, ce qui était très-fréquent dans les combats, et ce dont on peut aisément se convaincre, si l'on veut se donner la peine d'examiner la statue de Robert que je viens de décrire.

Il est donc certain que les tournois étaient une école où la jeunesse s'exerçait à l'art militaire; c'est pour cela que les anciens auteurs désignent ce genre d'amusement sous le nom de *Jeux militaires*,

*Exercices militaires,* ou préparation à la guerre, et ce n'est que depuis qu'on introduisit dans cet exercice une manœuvre *tournoyante,* qu'il prit le nom de tournois.

Il y avait des prix pour ceux qui combattaient le mieux ; l'on nommait des juges pour examiner les armes des combattans qui devoient entrer en lice, et pour adjuger les prix à ceux qui les méritaient.

« *Les chevaliers tournoyent d'épées rabatues,* dit un ancien auteur, *les taillans et pointes rompues, et de bâtons tels qu'à tournois appartient et devoient frapper de haut en bas, sans tirer ne sans sagnier.* » Ces épées se nommaient *glaives courtois, armes courtoises.* Les chevaliers qui manquaient aux réglemens perdaient le prix, et payaient une amende.

Il est communément reçu que les armoiries ont pris naisssance dans les tournois, et que les chevaliers prirent chacun une couleur différente, des décorations d'or et d'argent, qu'ils appliquèrent sur leur cotte d'armes et sur leur écu, pour se distinguer et se reconnaître en combattant.

Richard, roi d'Angleterre sous Philippe Auguste, ayant éprouvé trop souvent l'avantage que cet exercice donnait à la gendarmerie française sur ses troupes, introduisit l'usage des tournois en Angleterre, et cet exercice fut imité de suite dans tous les états de l'Europe.

## N.º 3o.

### DE SAINT-GERMAIN-DES-PRÉS.

Un statue en pierre, de grandeur naturelle, représentant Childebert.

Cette statue a été exécutée en 1200, lorsque Montereau, célèbre architecte de ce temps, rebâtit le réfectoire de cette maison. [1]

## N.º 3i.

### DU MÊME LIEU.

Une vierge, en pierre de liais, de grandeur naturelle.

Cette vierge était placée à la porte d'une chapelle, qui a été bâtie sur les dessins et sous la direction du même architecte que ci-dessus.

## N.º 32.

### DE SAINT-DENIS.

Un grand bas-relief en pierre de liais, sur lequel sont représentés plusieurs objets de dévotion.

---

[1] Le goût de colorier les monumens de sculpture remonte aux premières époques du gouvernement monarchique. Ce goût s'est propagé jusqu'au XVI<sup>e</sup> siècle.

On remarque que ce n'était qu'une imitation des Grecs, qui l'avaient pris des Égyptiens. ( *Voyez Winckelmann*, Histoire de l'Art. )

Bas-Reliefs du 13.º Siècle.

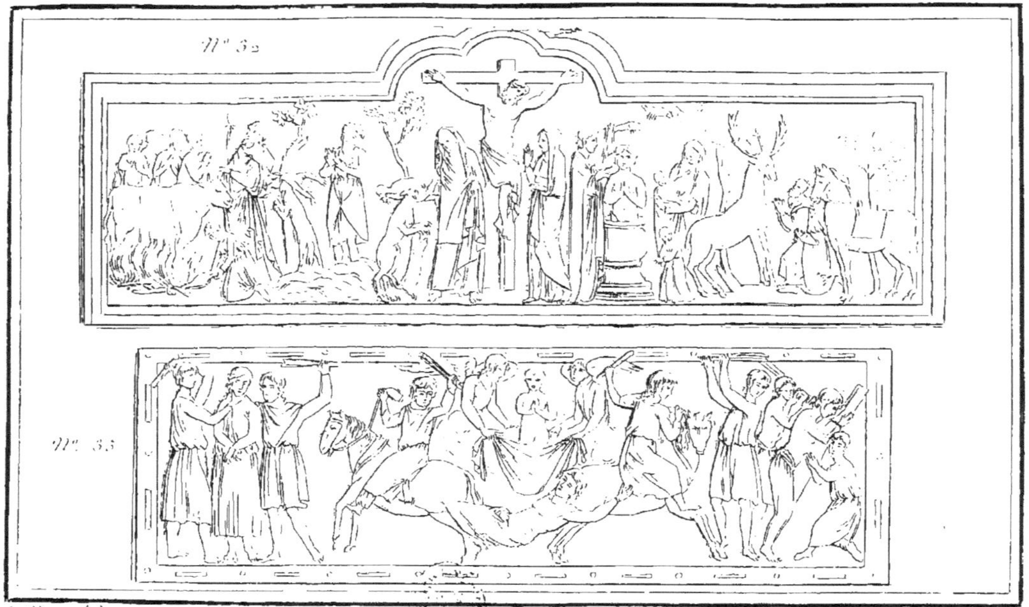

Au milieu on voit un calvaire : d'un côté, Saint Eustache à genoux, et de l'autre, les jeunes gens dans la fournaise, etc. Cette distribution bizarre tient au mauvais goût de ce temps.

## N.º 33.

### DU MÊME LIEU.

Un bas-relief en marbre blanc, plaqué sur un fond de marbre noir.

Ce bas-relief, qui représentait différens sujets de la vie de Saint Denis, a été très-mutilé par les malveillans.

## N.º 34.

### DU MÊME LIEU.

Bas-relief en pierre de liais, représentant les armes de France, au treizième siècle.

*N. B.* En 1374, sous Charles **V**, on ne grava plus sur l'écu de France que trois fleurs de lis ; auparavant elles étaient sans nombre. *( du Tillet. )*

## N.º 35.

### DU MÊME LIEU.

Un bas-relief en pierre de liais, représentant le martyre de Saint-Hyppolite.

## N.º 36.

### DES PETITS-PÈRES.

Un buste curieux, dont on ignore le nom du personnage qu'il représente ; le masque est de marbre blanc, la coiffure et le corps sont en grès.

## N.º 37.

### DES GRANDS-CARMES.

Une croix processionnelle, en cuivre doré, exécutée sous Louis IX, et donnée par lui aux religieux de ce couvent. On croit que ce morceau est de l'exécution de Raoul, qui fut le premier qui reçut, à titre de récompense, des lettres de noblesse des mains de Philippe III, en 1383. Éloy, en 396, avait fait des ouvrages d'orfévrerie fort estimés. Près de là, on voit trois petits bas-reliefs en albâtre ; la Nativité, la Résurrection et l'Ascension de Christ, précieux, parce qu'ils représentent différens meubles alors en usage. ( *Ils viennent de l'abbaye de Marolles, où ils avaient été vendus.* )

## N.º 429.

### DE L'ABBAYE DE SAINT-DENIS.

Fragment d'un pavé mosaïque, exécuté dans le onzième siècle, et d'un autre pavé du même temps,

Piéces d'orfévrerie du 15.e Siècle.

Dessiné et gravé par Percier.

Pavés Gravés en creux.

Perier del.                                   Guyot Sculp.

Mosaïque du 12.e Siècle.

gravé en creux, et dont les dessins sont remplis d'un mastic·rouge. Je donne aussi les dessins de ces pavés du goût arabe, tels qu'ils étaient avant les destructions révolutionnaires ; l'un et l'autre représentaient dans leur ensemble les douze signes du zodiaque, les dégradations de la chaleur, et les travaux agricoles qui se pratiquent annuellement sous chaque signe. On voit encore un de ces calendriers antiques sur la principale porte d'entrée de l'église *Notre-Dame* de Paris, monument dont le citoyen Dupuis nous a donné une savante description dans son ouvrage sur l'*Origine de tous les Cultes*. Il serait à desirer que le ministre de l'Intérieur m'autorisât à faire mouler ces tableaux précieux que l'on mutile tous les jours, afin d'en conserver la trace dans ce Musée ; ce serait rendre au citoyen Dupuis l'hommage qui lui est dû, et conserver des autorités précieuses aux antiquaires.

Ces tableaux, qui se trouvent extérieurement ou intérieurement appliqués aux temples des chrétiens, bâtis dans les premiers siècles, prouvent évidemment que le christianisme n'est qu'une suite des anciens cultes, dont on a défiguré les principaux personnages ; et, comme nous l'avons déjà démontré, nous retrouvons Isis et toutes ses attributions dans la vierge des chrétiens: comme elle, elle accouche le 25 décembre, à minuit, dans l'étable d'un bouvier ; et, comme elle, elle allaite un enfant nouveau-né qu'elle porte sur ses genoux. Son fils Horus, ou Christ, *le Dieu de lumière ,* après avoir éprouvé les tourmentes d'une vie orageuse , meurt et ressuscite aux mêmes époques : il est donc évident que c'est la même chose , et qu'on ne doit pas s'étonner de voir nos temples décorés des emblêmes qui se trouvaient en Égypte, dans ceux de la déesse Isis; d'ailleurs, cette fameuse Isis était la divinité adorée des Parisiens, qui ont encore conservé le vaisseau symbolique d'Isis pour armoiries.

## N.º 430.

### DU MÊME LIEU.

Un bas-relief en pierre de liais, exécuté vers le onzième siècle , et représentant Dieu le père, Jupiter ou le Soleil, assis et entouré des quatre points cardinaux du ciel; savoir : le Lion, le Bœuf, l'Aigle et l'Homme.

Le dessin de ce bas-relief est d'un style sévère, et se rapprochant du goût de l'antique; les draperies en sont fines et d'une exécution soignée.

## N.º 431.

### DU MÊME LIEU.

Les débris d'un autel en pierre, orné de petites colonnes et de sculptures très-soignées : on dé-

Bas Relief du 13ᵉ Siecle.

couvre encore dans les entre-colonnemens les restes d'anciennes peintures, faites à l'eau d'œuf, représentant des batailles ; quelques armures s'apperçoivent, malgré les destructions ; entre autres, des casques assez semblables à ceux des anciens Persans.

## N.º 432.

Bas-relief en albâtre, de Lagni, représentant l'Annonciation d'un côté ; la Vierge près de son lit est à genoux, occupée à lire ses heures devant un prie-dieu : elle se retourne, et apperçoit, non sans surprise, le jeune Gabriel, vêtu à la manière du temps, qui déroule un manuscrit sur lequel est écrit l'objet de sa mission. Au-dessus, on voit le Père Éternel, dont on a doré la face, sans doute pour peindre la lumière toute-puissante ; c'est de sa bouche que part le pigeon ou l'*Esprit de Dieu*, pour aller droit à la Vierge.

On remarque dans ce bas-relief les meubles, dont les formes ont été probablement imitées sur ceux en usage à cette époque.

## N.º 433.

### DE L'ABBAYE DE SAINT-DENIS.

Un bas-relief en pierre de liais, représentant un calvaire, posé sur un fond mosaïque, formé par des verres de couleur.

## N.º 434.

### DU MÊME LIEU.

Autre pierre de liais, dans laquelle on a incrusté quantité de petits tableaux en verre, qui, je crois, représentent les différentes armoiries des Croisés. Les espèces de châteaux forts ou de bastilles que l'on voit dans ce tableau, et même dans les détails de l'architecture de ce temps, font illusion aux armes de Castille, introduites dans le blason par Blanche, mère de Louis IX. Ce morceau singulier servait de devant d'autel.

## N.º 435.

### DU MÊME LIEU.

Au bas-relief en pierre de liais, représentant différens sujets de la vie de saint Benoît : dans le milieu du tableau, on voit le baptême de Christ, par Jean.

## N.º 436.

### DU MÊME LIEU.

Autre bas-relief en pierre de liais, représentant des sujets pris dans la vie de la Vierge. Les expressions, les attitudes et les vêtemens de ce morceau, sont d'une grande vérité.

# DESCRIPTION

## DE

## PLUSIEURS MONUMENS

### QUI N'ONT PU SE COMPRENDRE

### DANS LES PRÉCÉDENTES DISSERTATIONS.

———

### DE L'ABBAYE DE SAINT-DENIS.

L'ORIGINE de l'abbaye de Saint-Denis est très-ancienne : on croit qu'une femme nommée Catulle avait une ferme sur ce terrain, et qu'elle y fit élever une chapelle, pour conserver les reliques de saint Denis et des martyrs ses compagnons, qu'elle avait recueillies vers 496. Dans la suite, les chrétiens firent construire une petite église à la place de la chapelle bâtie par la pieuse Catulle. Dagobert fit jeter à la place de cette église, qui tombait en ruine, les fondemens d'un temple magnifique ; plusieurs bienfaiteurs augmentèrent après lui cette basilique, qui devint fameuse dans l'histoire, et qui, malgré les destructions révolutionnaires, montre trois époques du premier style de l'architecture en France. 1.º Le portail et la partie inférieure qui porte les tours, une église souterraine soutenue par de petites arcades posées sur des colonnes, dont les chapiteaux sont ornés de bas-reliefs, montrent bien le style antique dégénéré, tel qu'il fut à l'époque du Bas-Empire. Les parties de l'édifice paraissent dater du temps de *Pepin* ou de *Charlemagne*. 2.º La partie supérieure du chevet, qui contenait les pavemens que je viens de décrire sous le numéro 429, ainsi que des vitraux dont je parlerai dans cet ouvrage à l'article *verrerie*, a été construite sous *Suger*. 3.º La nef, et le reste de l'édifice commencé sous Louis IX, furent terminés sous Philippe son fils, en 1280.

Les administrateurs du département de la Seine desirant utiliser la ci-devant abbaye de Saint-Denis, pour conserver ce monument précieux par les différentes époques de l'art qu'il présente aux yeux éclairés, ont invité le ministre de l'intérieur à communiquer leurs intentions à son conseil des bâtimens civils de la troisième division, pour obtenir des savans artistes qui le composent un travail conforme à leur desir. Petit Radel, architecte, et inspecteur-général des monumens publics pour le conseil, fut chargé de ce rapport. En artiste distingué, Petit Radel a développé dans ce travail autant de talent que de sagacité pour arriver à un moyen bien simple, et conservateur d'un monument précieux.

Monumens du 8.ᵉᵐᵉ siecle.

L'ouverture simple de la voûte du milieu, la conservation intacte des tours du portail et des bas côtés, pour y établir un marché couvert et fermé; c'est ce que présentent les conclusions du rapport de l'artiste recommandable dont nous avons parlé plus haut : il remplit à-la-fois le but des arts et celui de l'utilité publique.

Le résultat de ce projet est d'autant plus ingénieux, qu'il fournira, dans une ville foraine et commerçante, une location perpétuelle de places qui servira à l'entretien de l'édifice, que l'on aurait nécessairement démoli ou vendu. Il serait donc à desirer que l'amour de la conservation portât toutes les administrations départementales à suivre ce plan dans les communes plus ou moins commerçantes.

## N.º 514.

### DE L'ABBAYE DE SAINT-DENIS.

Les trois chapiteaux que je donne dans la gravure suivante, décoraient l'église basse de l'abbaye de Saint - Denis, dont on avait fait depuis la sépulture des Bourbons; le corps de Henri I V y était déposé à l'entrée, et ses descendans suivaient, selon la date de leurs décès. Ces monumens, curieux pour l'histoire des arts, soutenaient de petites arcades, et datent, comme je l'ai dit plus haut, du temps de Pepin. Ce prince y est représenté assis sur une chaise, tenant un sceptre : vis-à-vis, Charlemagne est représenté assis sur une chaise curule, tenant un sceptre de la main droite, et de l'autre une boule. Le dessin du chapiteau, que l'on voit au-dessus de celui-ci, représente les quatre évangélistes ; le troisième nous montre l'intérieur exact d'une basilique, décorée suivant le style d'architecture de ce temps, dans laquelle un prêtre, à genoux devant un autel, dit la messe.

### MONUMENS D'HÉLOÏSE ET D'ABÉLARD.

Les monumens dont je vais entreprendre la description, sont du nombre de ceux qui portent le plus grand intérêt. Nommer Héloïse et Abélard, c'est fixer d'avance l'attention des cœurs sensibles ; mettre sous les yeux des amateurs les dessins des monumens qui furent élevés en leur mémoire, c'est fixer tous les regards.

Ce n'est point l'histoire de ces amans infortunés que je veux décrire ; déjà Clio a tracé sur le marbre et sur l'airain leurs talens et leurs malheurs. Est-il sur le globe une ame faite pour sentir, qui n'ait pas mouillé de ses larmes les pages de Pope et de Colardeau ? Nous renverrons donc nos lecteurs à ces illustres poètes ; mais nous les inviterons à venir dans notre Elysée chanter leurs vers admirables au pied du sanctuaire que nous avons fait élever pour y déposer leurs cendres.

« C'était sans contredit l'un des plus beaux gé-
nies de son siècle; son malheur fut d'avoir eu un
cœur trop tendre et une réputation trop brillante :
*Héloïse*, son épouse, lui survécut près de vingt
ans, et fut enterrée dans le même tombeau à l'abbaye du Paraclet, qui la reconnaît pour sa fonda-
trice. Nous avons encore les lettres qu'ils s'écrivi-
rent depuis leur séparation. On y voit que leur retraite forcée n'avait point affaibli dans leurs cœurs
les sentimens qu'y avait fait naître une passion
légitimée par le mariage. *Vœux ! monastère !*
s'écrie Héloïse, *je n'ai point perdu l'humanité
sous vos impitoyables règles : vous ne m'a-
vez point fait un marbre en changeant mon
habit.* On reconnaît cependant un grand fonds de
piété à travers toutes leurs faiblesses. Les lettres
d'Abélard témoignent plus de lecture, plus de solidité : celles d'Héloïse ont plus de vivacité, plus
de feu, plus de tendresse. » ( Voyez l'Histoire de
France par Vély, tom. III, pag. 110. )

Lors de la vente du Paraclet, qui se fit en 1792,
les notables de Nogent-sur-Seine allèrent en cortége lever les corps d'Héloïse et d'Abélard; ils les
déposèrent avec respect dans l'église de cette ville;
un discours fut prononcé par le pasteur alors en
exercice. Ce discours, savamment tracé, et prononcé avec l'éloquence du sentiment, produisit le
plus grand effet. Ce ne fut que sept ans après que

j'obtins d'un ministre éclairé, amis des lettres et des arts, l'ordre suffisant pour faire rentrer dans la capitale les restes de ces personnages si célèbres à Paris, à des époques encore barbares. [1]

Ce n'était pas assez de recueillir les cendres d'Héloïse et d'Abélard, il convenait aussi de réunir dans le Musée les monumens qui leur furent consacrés par l'amitié et par la reconnaissance. Vain espoir! le groupe représentant la Trinité, pris dans un seul bloc de pierre, qu'Abélard avait fait sculpter et placer au Paraclet, pour laisser à la postérité un monument authentique de ses opinions sur cette allégorie mystique [2], monument que Madame de Roucy, dernière abbesse de cette maison, avait fait placer sur un piédestal, et décorer d'une ins-

---

[1] Le 3 floréal an VIII, je me rendis à l'église de Nogent, accompagné des magistrats de cette ville; l'ouverture du caveau se fit, et le sous-préfet de l'arrondissement me fit la remise des deux corps qui étaient enfermés dans un seul cercueil, mais séparés par une lame de plomb, après en avoir dressé procès-verbal.

[2] L'opinion qu'Abélard manifesta publiquement sur la Trinité réveilla la haine de ses ennemis, et contribua considérablement à augmenter ses chagrins. J'ai cru devoir rapporter ici les principaux articles qui composent ce traité, l'objet de l'inimitié de saint Bernard pour ce savant théologien.

1.º Il définit la foi : l'estimation des choses qu'on ne voit point. 2.º Il dit qu'en Dieu les noms de Père,

cription, le tout en forme de cénotaphe, élevé à la mémoire des illustres fondateurs du Paraclet, et transporté depuis à Nogent, a été entièrement brisé par des malveillans, qui n'ont vu dans ce monument historique qu'une image de l'antique superstition de nos pères. [1]

---

de Fils et de Saint-Esprit, sont impropres; mais que c'est une description de la plénitude du souverain bien. 3.° Que le Père est la pleine puissance, le Fils une certaine puissance, et que le Saint-Esprit n'est aucune puissance. 4.° Le Saint-Esprit n'est pas de la substance du Père et du Fils, comme le Fils est de la substance du Père. 5.° Le Saint-Esprit est l'ame du monde. 6.° Nous pouvons vouloir le bien, et le faire par le libre arbitre, sans le secours de la grace. 7.° Ce n'est pas pour nous délivrer de la servitude du démon que *Jésus-Christ* s'est incarné et qu'il a souffert. 8.° *Jésus-Christ*, Dieu et homme, n'est pas une troisième personne dans la Trinité. 9.° Au sacrement de l'autel la forme de la substance précédente demeure en l'air. 10.° Les suggestions du démon se font dans les hommes par des moyens physiques. 11.° Nous ne tirons point d'Adam la coulpe du péché originel, mais seulement la peine. 12.° Il n'y a péché que dans le consentement au péché et le mépris de Dieu. 13.° On ne commet aucun péché par la concupiscence; la délectation, ni l'ignorance : ce ne sont que des dispositions naturelles.

[1] *Extrait d'une lettre qui m'a été adressée.*

« Le pasteur Mesnard, pour conserver le mo-
« nument des personnes de la Trinité qu'Abélard

Le tombeau d'Abélard, que son ami Pierre le
Vénérable lui avait fait élever dans la chapelle de
l'infirmerie de Saint - Marcel - les - Châlons, où il
l'avait fait inhumer, et qui fut conservé par les
soins du médecin Boisset, habitant de Châlons-sur-
Saône, m'a été remis par cet estimable artiste, qui
l'avait acheté pour le soustraire à la destruction.
Ce monument, qui a excité plusieurs discussions
dans les journaux, va être rendu à son premier
état et à son usage primitif. Placé au milieu d'une
chapelle sépulcrale, il réunira deux inséparables
époux.

---

« avait fait faire d'un seul bloc de pierre, obtint de la
« municipalité de faire construire, devant l'entrée du
« caveau, un avant-corps en forme de table, de cinq
« pieds environ, sur lequel serait placé cet antique
« monument. La municipalité seconda les vues du
« pasteur Mesnard, et l'exécution en eut lieu sur-le-
« champ. Le monument fut respecté jusqu'en 1794;
« et ce fut à cette époque qu'une poignée d'individus
« s'introduisirent dans le temple, et en brisèrent, en
« moins de quatre heures, les statues, les tombeaux,
« les autels, etc. Le monument d'Abélard avait été
« épargné; mais quelqu'un d'entre eux ayant observé
« qu'il était le symbole d'une croyance religieuse, il
« ne tarda pas lui - même à être mis en morceaux,
« dont il ne reste aucun vestige. »

Vue du Tombeau d'Héloïse et d'Abélard,
dans le Musée des monumens français.

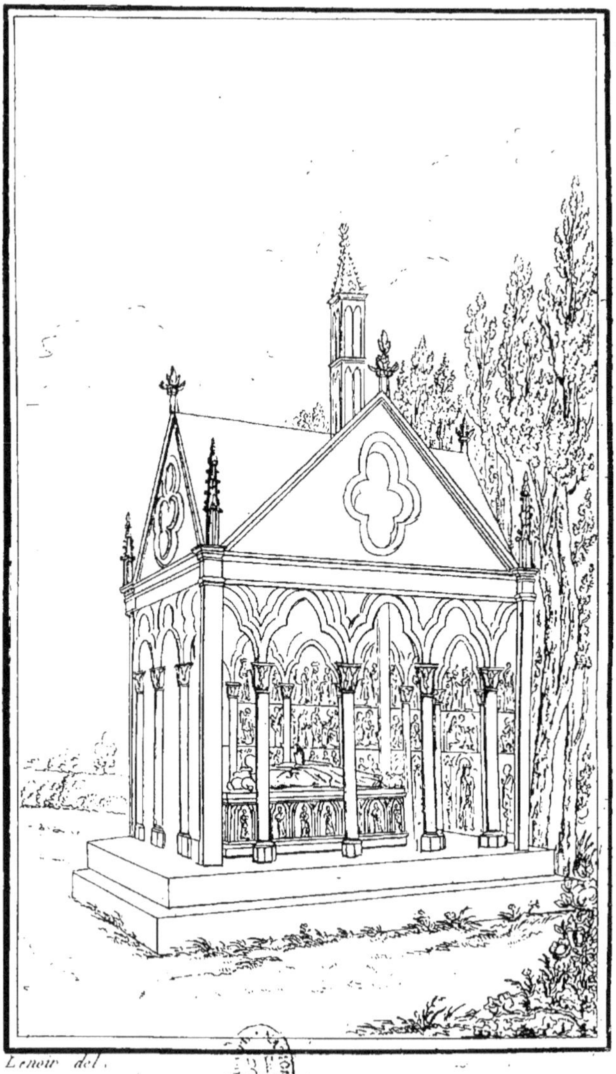

## N.° 515.

### CHAPELLE SÉPULCRALE D'HÉLOÏSE ET D'ABÉLARD.

Cette chambre, que j'ai fait construire avec les débris d'une chapelle de l'abbaye de Saint-Denis, montre le style d'architecture pratiqué dans le douzième siècle; les colonnes portent des ogives percées à jour, en forme de trèfles. Les vitraux qui ferment les trois côtés de cette chapelle datent aussi du même temps, et viennent du même lieu. Dans le milieu, on voit le tombeau d'Abélard, que Pierre le Vénérable avait fait élever à son ami. Abélard y est représenté couché à la manière du temps, la tête faiblement inclinée et les mains jointes. J'ai fait poser près de lui la statue aussi couchée de son intéressante amie. Les reliefs qui ornent ce sarcophage représentent les pères de l'église. C'est dans ce tombeau, resté orphelin depuis sept siècles, que j'ai déposé les cendres des célèbres amans du douzième siècle. J'ai fait graver, sur la plinthe qui porte le monument, les noms d'Héloïse et d'Abélard, qui se répètent alternativement; l'inscription suivante les sépare : ΑΕΙΣΥΜΠΕΠΛΕΓΜΕΝΟΙ.

Enfoncés dans la tombe, ils vivent encore ces amis inséparables, ils s'appellent toujours, et les noms d'Héloïse et d'Abélard se font entendre à travers la pierre qui les couvre ; l'air est frappé de leurs doux accens, et la plaintive Écho répète de tout côté : *Héloïse-Abélard! Abélard-Héloïse!* [1]

La statue d'Héloïse, que l'on voit sur le tombeau, est une figure de femme sculptée de ce temps-là, à laquelle j'ai fait mettre le masque d'Héloïse.

Tous les auteurs qui ont écrit sur les antiquités de Paris, parlent des médaillons d'Héloïse et d'Abélard, placés dans le cloître Notre-Dame, sur la façade de la maison qu'occupait Fulbert, oncle perfide du savant Abélard, et l'artisan de tous ses malheurs. Qui n'a pas observé que ces médaillons sont de mauvaises contrefaçons, ou des monumens anciens, dégradés par des restaurateurs ignorans? Si j'examine d'abord celui d'Héloïse, je remarque que l'on a donné à cette femme un costume en usage dans le commencement du dix-septième siècle, et non celui de son temps. J'y vois la fraise et le corset ajusté tel qu'on le voit aux statues de Catherine de Clermont-Tonnerre et de Madame de Gèvres, etc., conservées dans ce Musée. Les moustaches que l'on a données à la tête d'Abélard, jointes à l'ajustement ridicule d'un manteau à la romaine, dont on lui a couvert les épaules,

---

[1] N'ayant pu me procurer de types sûrs de ces personnages, j'ai fait mouler leur tête de mort, que j'ai remise au sculpteur Deseine, qui en a formé leurs bustes, qui ornent ce Musée.

tout sert à constater l'époque que j'assigne à ces médaillons ridicules, que l'on croit encore aujourd'hui les véritables portraits d'Héloïse et d'Abélard.

Il est présumable aussi que ces bustes étaient fidèles dans leur origine ; mais je pense qu'ils ont été détruits par les changemens que l'on a faits à cette maison, le berceau d'Héloïse, [1] et qu'ils ont été entièrement refaits, comme je l'ai avancé plus haut, par des sculpteurs médiocres.

Abélard mourut au prieuré de Saint-Marcel de Châlons-sur-Saône, le 11 des calendes de mai, ( 21 avril ) 1142. Il y fut inhumé. Au mois de novembre suivant, Pierre de Cluny fit enlever furtivement son corps, et l'envoya à Héloïse au Paraclet. Elle plaça le cercueil de son amant dans une chapelle qu'Abélard avait fait construire, et qu'on appelait le *Petit-Moustier*. La tombe était partie dans la nef, partie dans le chœur des religieuses. Héloïse expira le dimanche 17 mai 1163 ; son corps fut , conformément à ses ordres, réuni à celui de son époux. En 1497 , le cercueil commun fut enlevé du Petit-Moustier, et transféré dans la grande église du monastère ; mais les os de chaque corps furent séparés, et l'on établit deux tombes aux deux côtés du chœur. En 1630, Marie de la Rochefoucault fit placer les deux tombes dans le

---

[1] Héloïse , ou *Louise* , fut élevée chez son oncle Fulbert, qui occupait cette maison.

lieu dit *la Chapelle de la Trinité*. Enfin, en 1766, M.^me Roye de la Rochefoucault conçut le projet d'un nouveau monument à la gloire des deux amans, monument qui ne fut cependant érigé qu'après sa mort, en 1779. C'est ce monument que j'ai dessiné avant sa destruction, dont je donne la gravure sous le n.º 516. Il était formé du groupe de la Trinité qu'Abélard avait fait sculpter, et d'un socle qui renfermait l'inscription suivante, que l'on dit avoir été composée par Marmontel :

*Hic*

*Sub eodem marmore jacent*

*Hujus Monasterii*

*Conditor Petrus Abœlardus*

*Et abbatissa Heloissa.*

*Olim studiis, ingenio, amore, infaustis nuptiis*

*Et pœnitentiâ,*

*Nunc æternâ, quod speramus, felicitate*

*Conjuncti.*

*Petrus obiit XX prima aprilis anno 1142.*

*Heloissa XVII Maii 1163.*

*Curis Carolæ de Roucy Paraclete abbatissa.*

1779.

## MORCEAU DE POÉSIE

*Déposé sur la tombe* D'HÉLOISE ET D'ABÉLARD, *lors de sa translation à Nogent-sur-Seine, par* MESNARD MONTELET.

Ah ! si jamais, conduits par le hasard,
Vous veniez visiter la tombe d'Abélard,

Vue du Tombeau d'Héloïse et d'Abélard,
dans l'Abbaye du Paraclet près Nogent sur Seine.

Jeunes amans !.... versez-y quelques larmes.
Que vos cœurs attendris, embrasés de ses feux,
Célèbrent son amour et ses vives alarmes.
Puissent-ils éprouver un sort moins rigoureux !....
Ou si quelque poète, amant tendre et fidèle,
Est, ainsi qu'Héloïse, accablé des tourmens
Que cause une absence cruelle,
Ou que l'amour, par ses enchantemens
Et par son artifice,
L'ait, comme elle, conduit au bord du précipice,
Qu'il chante ses malheurs, ses feux, son repentir.
Mais, pour les bien dépeindre, il faut les bien sentir.

Si l'on consulte l'épitaphe gravée sur un marbre noir qui décorait la plinthe du groupe de la Trinité, on verra que Catherine de la Rochefoucault, vingt-cinquième abbesse [1] du Paraclet, a aussi contribué à l'embellissement de ce monument.

----

[1] NOMS DES ABBESSES DU PARACLET.

| | |
|---|---|
| 1.re Héloïse. | 15. Agnès de Châteaudun. |
| 2. Emengarde. | 16. Guillemette de la Mothe. |
| 3. Helysinde. | 17. Catherine de Courelles. |
| 4. Melisinde. | 18. Charlotte de Coligny. |
| 5. Elype. | 19. Antoinette de Bonneval. |
| 6. Jacques. | 20. ...... Delachâtre. |
| 7. Jeanne I.re | 21. Léonarde de Turenne. |
| 8. Jeanne II.e | 22. Jeanne de Chabot. |
| 9. Eustochie. | 23. Marie de la Rochefoucault. |
| 10. Marie. | 24. Anne-Marie de la Rochefoucault. |
| 11. Agnette de la Borde. | 25. Catherine de la Rochefoucault. |
| 12. Catherine des Barres. | 26. Marie de Rouarre de la Rochefoucault. |
| 13. Alix des Barres. | 27. Charlotte de Roucy, ( dernière abbesse. ) |
| 14. Isabelle. | |

*N. B.* Ce tableau, qui était gravé sur un marbre, a été dérobé à Nogent, ainsi qu'une autre inscription qui constatait l'époque du transport des restes d'Héloïse et d'Abélard, par les notables de cette ville.

*I*NSCRIPTION *que l'on retrouvera dans la base de la chapelle sépulcrale ci-dessus décrite.*

...... Pierre Abélard, fondateur de cette abbaye, vivait dans le douzième siècle ; il se distingua par la profondeur de son savoir, et par la rareté de son mérite; cependant il publia un traité de la Trinité, qui fut condamné par un concile tenu à Soissons, en 1120. Il se rétracta aussitôt par une soumission parfaite ; et, pour témoigner qu'il n'avait que des sentimens orthodoxes, il fit faire de cette pierre ces trois figures, qui représentent les trois personnes divines dans une nature, après avoir consacré cette église au Saint-Esprit, qu'il nomma Paraclet, par rapport aux consolations qu'il avait goûtées pendant la retraite qu'il fit en ce lieu. Il avait épousé Héloïse, qui en fut la première abbesse. L'amour qui avait uni leur esprit pendant leur vie, et qui se conserva pendant leur absence par des lettres les plus tendres et les plus spirituelles, a réuni leur corps dans ce tombeau. Il mourut le 21 avril, l'an 1143, âgé de 63 ans, après avoir donné l'un et l'autre des marques d'une vie chrétienne et spirituelle.

Par très-haute et très-puissante dame Catherine de la Rochefoucault, abbesse, le 3 juin 1701.

La gravure suivante, portant le n.º 517, représente la vue perspective du tombeau d'Abélard, tel qu'il était dans l'église Saint-Marcel. Ce monument, exécuté en pierre, à la manière du temps, est d'un style fort simple, et d'une exécution gros-

Vue du Tombeau d'Abélard,
dans l'Eglise St Marcel lès Challon sur Saône).

sière; ce qui me porte à croire qu'il a été exécuté dans le pays même. Voici l'inscription qui fut peinte en noir sur la muraille, au-dessus du monument, à l'époque où il fut transporté de la chapelle de l'infirmerie de Saint-Marcel, dans l'église où il était encore lorsque je l'ai dessiné; transport qui s'effectua vers la fin du dernier siècle.

### ÉPITAPHE.

« *Hîc, primò jacuit Petrus Abelardus,*
« *Francus et monachus cluniacensis, qui obiit*
« *Anno 1142. Nunc apud Monicales Paraclitenses*
« *In territorio Trecacensi requiescit. Vir pietate*
« *Insignis, scriptis clarissimus, ingenii acumine,*
« *Rationum pondere, dicendi arte, omni*
« *Scientiarum genere nulli secundus.* »

ÉPITAPHE, composée pour le tombeau d'ABÉLARD, par Pierre le VÉNÉRABLE, qui l'avait fait peindre au carmin, selon l'usage de ce temps.

*Gallorum Socrates, Plato maximus Hesperiarum*
*Noster Aristoteles, Logicus (quicumque fuerunt)*
*Aut par aut melior, studiorum cognitus orbi*
*Princeps, ingenio varius, subtilis et acer,*
*Omnia vi superans rationis et arte loquendi,*
*Abelardus erat. Sed nunc magis omnia vincit,*
*Cum Cluniacensem monachum, moremque professus,*
*Ad Christi veram transivit philosophiam*
*In quâ longævæ bene complens ultima vitæ,*
*Philosophis quandòque bonis se connumerandum*
*Spem dedit, undenam Maio renovante calendas.*

## Autre Épitaphe, composée pour ABÉLARD, par Pierre le Vénérable.

*Petrus in hac petrâ latitat, quem mundus Homerum*
    *Clamabat, sed jam sydera Sydus habent.*
*Sol erat hic Gallis, sed eum jam fata tulerunt,*
    *Ergo caret regio Gallica sole suo.*
*Ille sciens quidquid fuit ulli scibile, vicit*
    *Artifices artes absque docente docens.*
*Undecimæ Maii Petrum rapuere calendæ,*
    *Privantes Logices atria rege suo.*
*Est satis in tumulo Petrus hic jacet Abelardus*
    *Cui soli patuit scibile quidquid erat.*

## *Extrait d'une Lettre du C. Boisset, médecin à Châlons-sur-Saône, adressée à Alexandre Lenoir, Administrateur du Musée des Monumens Français, le 10 germinal an VIII.*

...... Fondateur d'un établissement unique en Europe, vous voudrez bien permettre à un ami des arts de vous adresser quelques notes historiques relatives au tombeau d'Abélard, dont je suis possesseur. J'espère qu'elles suffiront pour répondre d'une manière positive aux différentes lettres insérées dans le Journal de Paris de ce mois, sur le véritable monument qui fut érigé à l'abbé de Saint-Gildas, et dont les auteurs de ces lettres paraissent douter de l'authenticité. Je compte faire passer une partie de ces notes au rédacteur du Moniteur.

Abélard, persécuté pour quelques opinions religieuses, et condamné dans un concile tenu à Sens, entreprit le voyage de Rome, afin de pouvoir se disculper sans danger devant un juge sans passions. Il arrive à Cluny vers la fin de l'année 1139. Pierre le Vénérable, qui gouvernait alors cette grande abbaye, reçut Abélard avec une honorable distinction, et captiva sa confiance par sa droiture et sa douceur. Il le dissuada par des raisons puissantes de faire le voyage de Rome, et l'engagea à entrer à Cluny pour y trouver le repos.

Abélard coula deux années paisibles dans cette maison; il y mena la vie la plus exemplaire comme religieux et comme savant. Ce fut à cette époque qu'une maladie éruptive couvrit presque tout son corps. Il ne pouvait être assis ou couché, sans éprouver des douleurs vivement cruelles; tous les remèdes furent sans succès, et les médecins conseillèrent un air plus salubre. Son digne et estimable ami l'envoya alors à Saint-Marcel, près Châlons. Je lui choisis, dit ce bon abbé, un lieu près de cette ville, ( Châlons ) que je jugeai très - propre au recouvrement de sa santé , et qui n'en est éloigné que par la séparation de la Saône. Je l'envoyai là , parce qu'il n'est point de lieu en toute notre Bourgogne qui soit plus agréable, etc.

En effet, les commencemens parurent favorables au malade; les ulcères se fermèrent deux-mêmes, et ne coulèrent plus. Le corps reprit sa première fraîcheur ; mais ce qui avait paru lui donner la santé fut pour lui le coup de la mort. La subtilité de l'air, ayant répercuté l'éruption cutanée, la fixa sur les organes internes. Abélard fut enlevé au monde et à l'infortune, le 21 avril 1142, à l'âge de 63 ans.

Les religieux de Saint-Marcel érigèrent à Abélard un monument, où ils déposèrent les restes de cette illustre victime d'une vengeance atroce. C'est ce bloc informe, et gothiquement ciselé, que je me suis procuré, avec des soins, au moment où il était destiné à un usage domestique par l'habitant de la campagne qui l'avait acheté. Il est précieux, par l'affirmation historique qu'Abélard a reposé sous ces pierres dès le premier instant où il a cessé de vivre et de souffrir. *Híc primò jacuit.* J'ai la certitude que cette figure, que ces traits mal tracés, ces formes de grandeur naturelle, ce vêtement qu'un inhabile ciseau a gravé sur l'entablement, doivent être présumés ceux de cet homme, que ses lumières et son infortune ont rendu si célèbre. Les autres pièces de ce cénotaphe, qui paraît être une pierre gypseuse-alabastrite, sont remplies par plusieurs petites figures encadrées et parallèles l'une à l'autre. Toutes les pièces de ce monument sont déposées à une campagne que j'ai dans la commune de Saint-Marcel.

Le corps d'Abélard fut renfermé dans ce monument jusqu'à la fin de l'année de sa mort. Dans cet intervalle, Héloïse réclama et sollicita vivement auprès de l'abbé de Cluny, pour avoir les restes de son malheureux ami, afin de pouvoir les déposer à l'abbaye du Paraclet, qu'il avait institué lui-même, et où il avait souhaité d'être enterré. Pierre le Vénérable accéda à sa demande, mais lui prescrivit un secret absolu, afin d'éviter les vives oppositions des moines de Saint-Marcel, jaloux de conserver ce dépôt.

L'abbé de Cluny, dès les premiers jours de novembre, se rend à Saint-Marcel, sous prétexte d'y faire la visite attachée à sa dignité ; dans le cours d'une nuit, pendant le sommeil des religieux, il fait lever le corps d'Abélard, et part lui-même rapidement, avec ce dépôt, pour se rendre au Paraclet, où il arriva le 16 du mois de novembre 1142.

Tel est l'historique fidèle, puisé principalement

dans deux auteurs estimés et véridiques. J'ai cru
ces détails susceptibles de quelque intérêt, à raison de la petite lutte qui a eu lieu entre vous et
le citoyen Mesnard, relativement au monument
d'Abélard, que je me ferai un vrai plaisir de vous
remettre, pour augmenter les monumens de notre
histoire, que vous avez sauvés de la destruction.
Il est bien naturel qu'un Châlonnais ait une connaissance un peu approfondie d'un fait historique
isolé, qui intéresse spécialement le sol qu'il habite;
un semblable avantage est, pour lui, moins un
mérite qu'un devoir.

Recevez l'assurance de mon estime.

*Signé* BOISSET, *Médecin,*
habitant à Châlons-sur-Saône.

## N.os 518 et 519.

### DE L'ABBAYE DE SAINT-DENIS.

La gravure qui suit est celle de la pierre tu-
mulaire qui couvrait l'abbé Adam, mort le 19
février 1121. Ce tyran d'Abélard est représenté
sur cette tombe, gravée en creux, en habits sacer-
dotaux, en sa qualité d'abbé de Saint-Denis. On
lit autour l'inscription suivante :

*Hic jacet Adam abbas.*

Après la mort d'Adam, Abélard trouva dans

son successeur, Suger, un homme juste et fait pour apprécier son mérite. A la sollicitation de Manassès, évêque de Meaux, il se montra en public, et parut sortir de la prison de laquelle il s'était évadé peu de temps après la mort d'Adam, qui l'avait fait enfermer, pour avoir osé dire que le corps de Saint-Denis, premier évêque de Paris en 240, que l'on conservait dans cette abbaye au nombre des reliques, n'était point celui de l'Aréopagiste, qui mourut en 95, et qui, si l'on en croit l'histoire, n'est jamais venu en France. Ce fut là le prétexte dont se servirent les moines de Saint-Denis pour engager leur abbé à faire emprisonner Abélard; mais la véritable cause de leur haine pour le philosophe, c'est qu'il les reprenait continuellement de leurs déréglemens, qui étaient à leur comble. Ce fut en vain que le comte de Champagne, qui aimait Abélard, sollicita sa grace auprès d'Adam, il ne put jamais l'obtenir ........ ( Voyez Fleuri, Histoire Ecclésiastique. ) Manassès, bientôt après, présenta Abélard à Suger, qui le rétablit dans ses droits. Ce savant docteur reprit ses leçons, qu'il exerça avec sa sagacité ordinaire; sa célébrité semblait s'accroître avec ses malheurs, et son école n'en devint que plus nombreuse.

Malgré ses grandes occupations, Abélard trouvait encore le temps de satisfaire à ses devoirs monastiques; ce qu'il observait régulièrement :

plus rigide que ses confrères à suivre les règles de son ordre, il se croyait en droit de les reprendre plus souvent ; il se permit de blâmer fortement les *galas* qui se pratiquaient ordinairement pour célébrer les saints.

Suger avait ordonné qu'il serait donné, les jours de fête, à chaque religieux, des pitances doubles, et non pas *telles quelles*, dit-il dans son *testament*, mais bonnes, bien simples, et bien conditionnées, et de plus une bouteille de bon *hipocras* à chacun. *Non qualescumque, sed plenarias et aptas duas omnibus exhibendo pitantias : frater etiam cellerarius, generale suum, more solito proponat.* Abélard s'éleva contre ce déréglement ; il s'attira la haine de ses confrères, qui allèrent jusqu'à la persécution. L'hipocras était pour eux une espèce de *nectar* fait avec du vin vieux, du miel, et des épiceries. Pierre le Vénérable, dans ses statuts de Cluny, défend qu'on en donne jamais aux religieux.

Abélard s'exprime ainsi dans son sermon sur cette matière : « Les grandes fêtes, dit-il, doivent être célébrées par une grande abstinence ; et le moyen d'en tirer quelque profit, est de passer ces saints jours dans un plus grand dégagement, et une plus exacte mortification des sens. Si cela n'était ainsi, saint Grégoire de Naz se serait trompé, lorsqu'en parlant de l'Épiphanie, il dit à son peuple : Célébrons ce grand jour, mes frères, non par des festins, ou en accordant toute sorte d'indulgence à notre corps, mais dans une sainte joie, qui soit le fruit de la pureté de l'ame et de la dévotion de l'esprit ; car nos fêtes consistent à augmenter notre trésor de quelque pierre précieuse qui ne soit point sujette à la corruption et au changement, à orner notre ame de toutes les vertus, et non pas à remplir notre ventre d'un amas de viandes corruptibles. C'est bien assez de laisser au corps sa pesanteur naturelle ; il n'est pas nécessaire d'augmenter encore sa propre corruption, en lui fournissant matière de révolte ; c'est une tête insolente, qui abuse de l'indulgence qu'on a pour elle ; mieux on la nourrit, mieux elle regimbe.

« Saint Jérôme se serait trompé, lorsqu'il disait : Nous devons apporter tous nos soins à bien célébrer les fêtes, non pas en faisant bonne chère, mais en donnant plus d'essor à notre esprit dans la prière, et par de plus longues méditations ; car c'est une chose aussi honteuse qu'elle est ridicule, de s'imaginer bien honorer la mémoire d'un martyr, par de bons repas, lui, qu'on sait ne s'être rendu agréable à Dieu que par les jeûnes et par l'abstinence.

« Saint Augustin se serait trompé, mes frères, lorsque instruisant son peuple sur la manière de passer les fêtes, il leur disait : Envisagez tant de millions de martyrs ; voyez la vie qu'ils ont menée : pourquoi prendre plaisir à célébrer leurs fêtes par tant de festins, qui vous couvrent de honte , et ne pas plutôt se mettre en peine de les imiter, en retraçant dans votre conduite les excellentes vertus qui ont fait leur plus bel ornement ? »

Le grand Abélard parlait, comme on vient de le voir, pour tâcher de désabuser les moines de son temps, et les retirer de ces excès de débauche , qui font la plus grande partie de leurs fêtes, et qui s'augmentent, comme il le dit ailleurs, à proportion que la fête est plus grande.

Le monument gravé sous le numéro 519, fut érigé à Pierre I.er, dit *Pierre d'Auteuil*, abbé de Saint - Denis , mort le 6 février 1229 , par Mathieu de Vendosme, abbé de la même abbaye, en 1259. Cet abbé montra dans cette place une piété rare, et pleine d'un zèle infatigable ; à la faveur de Grégoire IX, il fit des augmentations considérables à l'avantage de cette maison. [1]

---

[1] Les monumens d'Adam et de Pierre d'Auteuil furent élevés à ces personnages par Mathieu de Vendosme , d'après les ordres de Blanche , mère de Louis IX : c'est pour cela que l'on voit sur ces tombeaux les armes de Castille mêlées à celles de France ; et elles se trouvent communément sur tous les monumens que cette femme célèbre a fait bâtir.

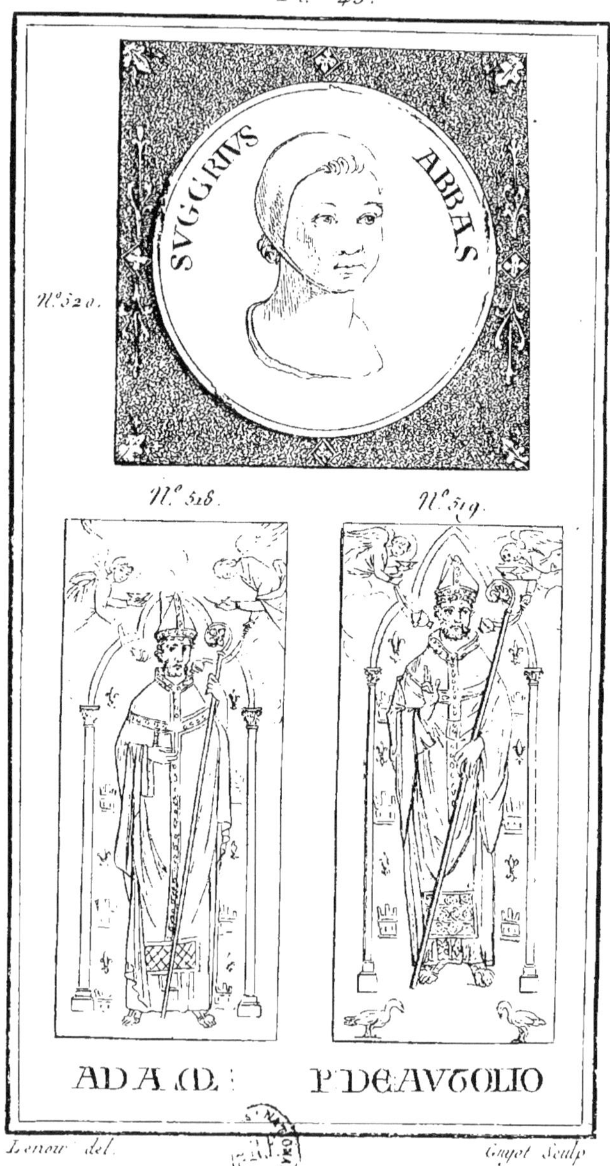
Pl. 43.
SVGGERIVS ABBAS
N.º 520.
N.º 518.
N.º 519.
ADAM
P DE AVTOLIO
Lenoir del.
Guyot Sculp.
Monumens du 12ème Siecle.

N.º 520.

Le monument dont je vais entretenir mes lecteurs n'est pas le moins intéressant de ceux qui se trouvent déjà décrits dans ce volume. Suger, dont il est question, s'est distingué parmi les hommes qui ont illustré la France. Raynal, dans le parallèle qu'il a donné de Saint-Bernard et de Suger, s'exprime avec génie sur le caractère de ce ministre.

Suger avait un tombeau dans l'abbaye de Saint-Denis. Ce monument simple, érigé à la vertu, placé modestement dans un coin de cette basilique, était souvent admiré. Il suffisait de nommer Suger pour faire son éloge ; Mathieu de Vendosme, qui savait apprécier son mérite, fit exhausser, à trois pieds de terre au-dessus du corps de cet homme célèbre, une pierre, sur laquelle il fit graver ces mots :

*Hic jacet Sugerius abbas.*

En 1654, les religieux de la Congrégation de Saint Maur voulurent enchérir sur ce pieux monument ; ils firent dresser, en l'honneur de Suger, un cénotaphe en cuivre, sur lequel ils firent graver, en vers latins, tout ce qu'il était possible de dire de plus avantageux à la gloire de ce vénérable abbé. Simon de Chèvre-d'Or, chanoine régulier de Saint-Victor, fut chargé de ce travail. Malgré des sollicitations pressantes et réitérées, ce précieux monument a été impitoyablement fondu. Voici l'inscription dont il était chargé :

*Decidit ecclesiæ flos, gemma, corona, columna ;*
*Vexillum, clypeus, galea, lumen, apex,*
*Abbas Sugerius, specimen virtutis et œqui,*
*Cum pietate gravis, cum gravitate pius.*
*Magnanimus, sapiens, facundus, largus, honestus,*
*Judiciis præsens corpore, mente sibi.*
*Rex per eum caute rexit moderamina regni.*
*Ille regens regem, rex quasi regis erat.*
*Dumque moras ageret rex trans mare pluribus annis,*
*Præfuit hic regno, regis agendo vices.*
*Quæ duo vix alius potuit sibi jungere, junxit,*
*Et probus ille viris, et bonus ille deo.*
*Nobilis ecclesiæ decoravit, reppulit, auxit,*
*Sedem, damna, chorum laude, vigore, viris.*
*Corpore, gente brevis, gemina brevitate coactus :*
*In brevitate sua noluit esse brevis.*
*Cui rapuit lucem lux septima Theïophaniæ,*
*Veram vera viro Theïophania dedit.*

Le médaillon dont on voit la gravure au-dessus des tombeaux d'Adam et de Pierre d'Auteuil, est tout ce qui nous reste des monumens qui furent érigés à la mémoire de ce grand ministre. Cette tête, que j'ai sauvée de la dévastation, fermait la clef d'une des voûtes de la partie de l'abbaye de Saint-Denis qu'il avait fait construire ; et ce portrait est d'autant plus précieux, qu'il a été exécuté par des sculpteurs contemporains de Suger.

**FIN DU TOME PREMIER.**

8 vol. c aug- rr

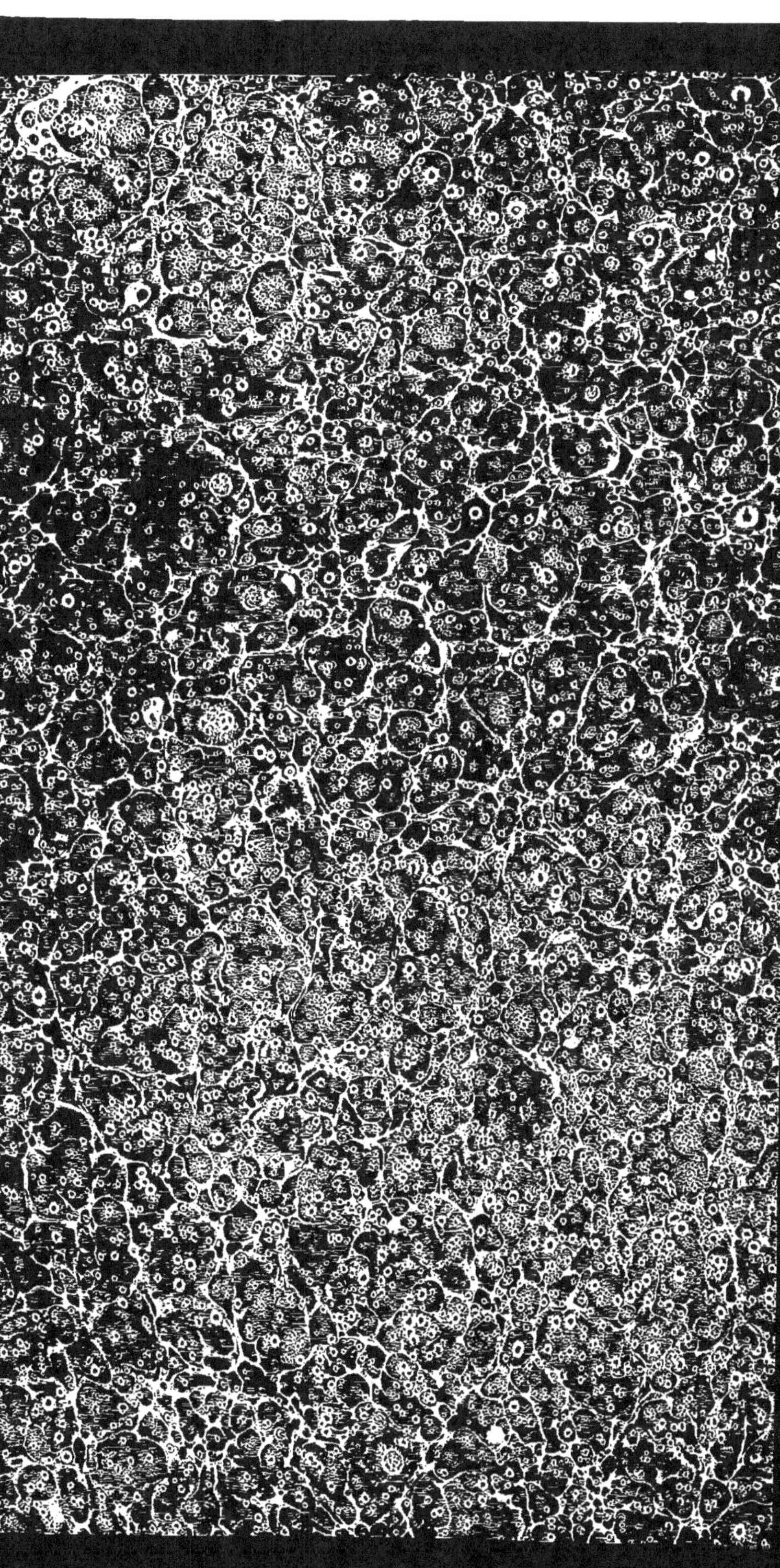